AF607626

La
SOLUCIÓN POLIVAGAL

Nota del editor: El objetivo de esta obra es ofrecer información precisa y veraz sobre los temas que trata. Está a la venta entendiéndose que el editor no ofrece servicios psicológicos, financieros, legales ni ningún otro tipo de servicio profesional. En caso de necesitar asistencia u orientación expertas, el lector debería buscar los servicios de un profesional competente.

Título original: The Polyvagal Solution. Vagus Nerve-Calming Practices to Soothe Stress, Ease Emotional Overwhelm, and Build Resilience
Traducido del inglés por Francesc Prims Terradas
Diseño de portada: Editorial Sirio, S.A.
Maquetación: Toñi F. Castellón

www.editorialsirio.com / sirio@editorialsirio.com

I.S.B.N.: 979-13-87974-01-5
Depósito Legal: MA-346-2026

Impreso en Imagraf Impresores, S. A.
c/ Nabucco, 14 D - Pol. Alameda
29006 - Málaga

Impreso en España

Puedes seguirnos en Facebook, X, YouTube e Instagram.

Rebecca Kase

Prólogo de la Dra. Arielle Schwartz,
autora de *Teoría polivagal aplicada al trauma*

La SOLUCIÓN POLIVAGAL

Ejercicios de activación del nervio vago para reducir el estrés, aliviar la sobrecarga emocional y fortalecer la resiliencia

«*La solución polivagal* guía a los lectores para que reconecten con su herencia biológica como miembros de una especie corregulada y conectada. Este libro, de carácter práctico, revela cómo el nervio vago influye en el estrés y la serenidad, desde la perspectiva de la teoría polivagal. Gracias a las ideas profundas y los ejercicios que contiene, los lectores aprenderán a neutralizar las respuestas de estrés y a fomentar el equilibrio y la resiliencia. Esta guía accesible empodera a los lectores para que saquen partido del poder del nervio vago y puedan gozar, así, de mayor conexión, equilibrio y plenitud en su vida».

—Stephen W. Porges,
doctor en Psicología, investigador universitario eminente
en la Universidad de Indiana y
creador de la teoría polivagal

«Rebecca Kase conecta magistralmente la ciencia del estrés con el arte del autodescubrimiento en esta lectura imprescindible. Con explicaciones claras y ejercicios transformadores, capacita a los lectores para que comprendan su sistema nervioso, que es único, y tracen su propio camino hacia la resiliencia. Este libro es una obra práctica, reveladora y útil desde la primera página, una guía esencial para aliviar el estrés y evitar el síndrome de desgaste profesional».

—Cait Donovan,
conferenciante de prestigio, experta en el síndrome de
desgaste profesional (*burnout*), presentadora del
pódcast *FRIED. The Burnout Podcast* y
autora de *The Bouncebackability Factor*

«En los tiempos que corren, es necesario hacer que el conocimiento que se tiene en el campo de la psicología sea más accesible y comprensible para la gente corriente. Rebecca Kase responde con acierto a este desafío en *La solución polivagal*. Incluso las personas a las que nos cuesta comprender los contenidos neurocientíficos podemos sacar provecho de este libro y sentirnos más empoderadas en nuestro proceso de sanación. *La solución polivagal* es una obra práctica, útil y sólida desde el punto de vista clínico; un recurso excelente tanto para el público general como para los profesionales del ámbito de la salud. Espero con ganas poder recomendarlo».

—Jamie Marich, PhD,
psicoterapeuta clínica con licencia y acreditada como supervisora (LPCC-S), terapeuta en artes expresivas registrada (REAT), profesora de yoga certificada (RYT-500), fundadora de The Institute for Creative Mindfulness ('instituto para la atención plena creativa') y autora de *Dissociation Made Simple*, *Trauma and the 12 Steps* y muchos otros libros sobre la superación del trauma

Este libro está dedicado a Stephen W. Porges por los años que ha consagrado a la investigación y por su sólida presencia como referente intelectual. Doctor Porges, su trabajo ha contribuido a hacer del mundo un lugar mejor.

Índice

Prólogo

Es bien sabido que el estrés tiene un impacto considerable en el cuerpo, la mente, las emociones y los comportamientos. Seguramente puedas recordar momentos en los que tu mente iba a mil por hora mientras tus latidos y tu respiración se aceleraban. Tal vez sentiste pánico; quizá incluso reaccionaste de forma impulsiva con alguien, sin pensarlo mucho. Estas respuestas son universales. Pero cuando el estrés se vuelve crónico, sus consecuencias son más significativas. En el ámbito físico se observan mayores riesgos de hipertensión, enfermedades cardíacas, inflamación, dolor crónico, dolores de cabeza, diabetes y problemas menstruales. En el ámbito mental, el riesgo de experimentar ansiedad, depresión, deterioro cognitivo y trastornos del sueño también aumenta. Contar con herramientas que te ayuden a gestionar el estrés es fundamental para tu salud.

El sistema de respuesta de estrés del cuerpo ha sido objeto de estudio durante más de un siglo por parte de científicos como William James, Walter Cannon y Hans

Selye, quienes empezaron a arrojar luz sobre los fundamentos del sistema nervioso autónomo. Expuesto en términos sencillos, este sistema se compone de dos vías. El sistema nervioso simpático, asociado desde hace tiempo a la respuesta de lucha o huida, actúa como un *acelerador*. En cambio, el sistema nervioso parasimpático proporciona el *freno* que nos permite desacelerar, descansar y digerir. A partir de esta comprensión básica del sistema nervioso, la psicología ha buscado formas de contrarrestar los efectos nocivos de la exposición crónica al estrés.

Dado que el estrés suele ser una expresión de un sistema simpático hiperactivo, en un principio se pensó que la mejor forma de aliviarlo era activar la respuesta de relajación. Lamentablemente, este enfoque de la gestión del estrés solo tuvo un éxito relativo. La razón de ello es que el sistema parasimpático no siempre es la solución para que el cuerpo y la mente se recuperen. De hecho, en situaciones de peligro extremo también puede desencadenar la respuesta de fingimiento de muerte reduciendo drásticamente las frecuencias cardíaca y respiratoria. ¿Cómo es posible que el sistema parasimpático provoque ambas reacciones? Stephen W. Porges, doctor en Psicología, desarrolló la teoría polivagal para comprender mejor estas expresiones paradójicas del sistema parasimpático. Su trabajo dio lugar a una visión más compleja del sistema nervioso y nos orientó hacia un enfoque más completo de la gestión del estrés.

Uno de los elementos esenciales de la teoría polivagal es el reconocimiento de la necesidad de entablar amistad con el sistema nervioso simpático. Esto nos permite recuperar la energía vital al servicio de aquello que nos hace sentirnos desenfadados, alegres y entusiasmados. Además, en la nueva visión que tenemos del sistema nervioso autónomo, no puede considerarse que goza de buena salud si no podemos pasar de la activación de la rama simpática a la activación de la rama parasimpática, y viceversa, de manera fácil y fluida. Este cambio suave fortalece el tono del nervio vago, que es un marcador biológico de la resiliencia.

Dado que el conocimiento es fundamental para cambiar, comprender el funcionamiento del sistema de respuesta de estrés nos da las claves para liberarnos de las reacciones automáticas ante los acontecimientos vitales estresantes. Rebecca Kase nos ofrece las explicaciones pertinentes sobre el cerebro y el resto del cuerpo y nos guía en la aplicación de una amplia variedad de herramientas para que gocemos de un mayor equilibrio en nuestra vida. Explica que el sistema nervioso está configurado en favor de la conexión y nos anima a apoyarnos en el superpoder de la corregulación. Después nos acompaña cuidadosamente de regreso al hogar que somos nosotros mismos mediante ejercicios corporales y prácticas basadas en la bondad amorosa. Rebecca nos recuerda que este «hogar está donde está el corazón» y que nuestra configuración biológica nos da la oportunidad de mejorar nuestra salud en general.

—Arielle Schwartz,
doctora en Psicología Clínica

Capítulo 1

Conoce tu nervio vago

El estrés es el aguafiestas definitivo. Como la muerte y los impuestos, siempre está al acecho, dispuesto a arruinar un buen momento. Es algo que nos afecta a todos y podemos tener la seguridad de que nos visitará. Independientemente de la cantidad de dinero que tengamos, el lugar en el que vivamos, el estado de nuestras relaciones familiares o si preferimos los perros o los gatos, el estrés está garantizado. Aunque muchos factores sociales, políticos, físicos, emocionales y económicos influyen en el riesgo de padecerlo, todos los seres vivos experimentan estrés en múltiples ocasiones y de diversas formas a lo largo de la vida. Pero el hecho de que sea inevitable no implica que tengamos que resignarnos a vivir eternamente como un manojo de nervios. Es posible recuperar la calma, en efecto.

El estrés se presenta bajo diferentes formas, diferentes intensidades y diferentes grados. Las facturas, el tráfico, las fechas límite en el trabajo, la bandeja de entrada del correo electrónico a rebosar, los conflictos políticos y sociales, el cambio climático o tener demasiadas tareas pendientes son situaciones estresantes para cualquiera. Están también los factores estresantes que aparecen por sorpresa, esos que nos superan emocionalmente y que nadie espera tener que afrontar, como problemas de salud, rupturas o la pérdida del empleo. Estos sucesos pueden desestabilizarnos totalmente y dejarnos con una sensación de caos interno. Algunas personas también tienen vivencias estresantes traumáticas, como el combate, la agresión sexual, el racismo, el acoso escolar o la violencia armada. Por todo esto, en efecto, el estrés se presenta «bajo muchas formas y en diferentes grados» y, por tanto, sus manifestaciones también varían en intensidad.

Dado que los factores estresantes y la sobrecarga emocional son inevitables, el organismo cuenta con mecanismos para responder a ellos. Gracias a millones de años de evolución, tu ADN ha programado tu mente y tu cuerpo con respuestas de estrés. La mandíbula tensa, las noches en vela o los ataques de pánico son señales de que tu cuerpo está actuando como debe ante los factores agobiantes. Aunque esos molestos síntomas pueden complicarte la vida, en realidad indican que está haciendo su trabajo: está intentando ayudarte a superar la situación difícil. Puede parecer absurdo, pero cuando hayas terminado de leer este libro comprenderás mejor tus patrones de estrés y verás a tu cuerpo como tu mejor aliado para afrontar el descontrol y la saturación emocional.

Son síntomas habituales del estrés la ansiedad, la depresión, los trastornos del sueño, los cambios en el apetito, los problemas digestivos, un sistema inmunitario debilitado y muchos más. Estos síntomas hacen que estemos más predispuestos a contraer enfermedades y es mucho más fácil que manifestemos comportamientos impulsivos, tengamos dificultades en las relaciones, ansiemos tomar sustancias legales o ilegales, suframos dolor crónico y experimentemos otros tipos de malestar o desequilibrio. Seguramente ya seas consciente de las muchas formas en que respondes a los estímulos estresantes. Pero ¿te has parado alguna vez a pensar en lo que hay detrás de esos síntomas, en las razones por las que respondes así o en cómo podrías trabajar con tus componentes neurobiológicos en los momentos de crisis?

El sistema nervioso está en el centro de todo lo que tiene que ver con el estrés y la sobrecarga emocional. Frente a los factores preocupantes, se activa, y sus respuestas dan lugar a esos síntomas físicos y emocionales tan molestos. Su acción determina si nos sentimos estresados y alterados o equilibrados y centrados. Un sistema nervioso permanentemente estresado, desajustado y malnutrido puede hacer que la vida parezca una batalla constante y dejarnos exhaustos. En cambio, un sistema nervioso equilibrado, resiliente y bien cuidado es la clave para la felicidad, la calma, la alegría y la estabilidad emocional.

Tu sistema nervioso puede ser tu activo más valioso y tu mejor recurso en esta aventura llamada vida.

El estrés no tiene por qué dominarte. Existen numerosos libros de autoayuda que ofrecen estrategias ingeniosas para lidiar con él. Hay una gran cantidad de información útil sobre técnicas altamente eficaces como el yoga, la meditación, el mindfulness o las herramientas de autorregulación terapéutica. Sin embargo, buena parte de esa literatura pasa por alto un factor crucial: el funcionamiento del sistema nervioso. Aprender este funcionamiento te llevará a conocer sus secretos con el fin de que puedas aprovechar sus poderes naturales y adaptativos para ser capaz de vivir una vida más equilibrada y feliz, una vida en la que tengas muchas relaciones significativas, goces de un buen descanso, puedas divertirte y disfrutes de una buena salud. Tu sistema nervioso tiene un papel clave en todo ello. Y saber cómo funciona te permite colaborar con él. Cuando puedas trabajar con tu sistema nervioso, el estrés dejará de parecerte una experiencia incontrolable. En este libro te enseñaré cómo hacerlo.

El nervio vago y el bienestar emocional

Nuestro sistema nervioso es una red muy extensa en la que la comunicación tiene lugar mediante señales eléctricas y neurotransmisores que circulan entre las células nerviosas (las neuronas). Es como una autopista en la que lo que se desplaza es información, que va desde el cerebro hasta los demás órganos, células y tejidos, y viceversa. El sistema nervioso participa en procesos tan variados como la digestión, la respuesta inmunitaria, el movimiento, los ciclos del sueño, las relaciones, los comportamientos y las emociones. Cuando te sientes en equilibrio es porque tu sistema nervioso está bien ajustado (*regulado*, en lenguaje técnico). Cuando sientes que has perdido el equilibrio, el sistema nervioso está *desregulado*, y determinadas vías neuronales se hallan en la raíz del problema.

En tu cuerpo hay billones de células nerviosas y una gran cantidad de procesos y hormonas que contribuyen a esas sensaciones incómodas que asocias con el estrés. Conviene dejar claro que no hay una única célula, un único nervio o un solo suceso corporal que tenga toda la «culpa» del estrés y la sobrecarga emocional. Pero sí hay un nervio concreto que tiene un impacto considerable en el grado de estrés que sentimos en cada momento. Conocer este nervio y aprender a trabajar con él puede proporcionarte estrategias y herramientas para lidiar mejor con las situaciones difíciles. Se trata del *nervio vago*.

El nervio vago influye de manera significativa en nuestro estado emocional. Cuando el cerebro percibe un factor estresante, activa este nervio para poner en marcha una serie de reacciones protectoras y defensivas. En el momento en que el nervio vago da la señal, prácticamente todos los sistemas corporales responden de formas específicas, ensayadas y perfeccionadas por la evolución a lo largo de mucho tiempo. Precisamente por el enorme poder que tiene, aprender a cuidar de este nervio y cooperar con él es sinónimo de obtener los conocimientos y las estrategias que necesitas para vivir de una forma más equilibrada.

Los conocimientos que brinda la teoría polivagal nos permiten acceder al poder del nervio vago. Podemos considerar que esta teoría viene a ser un manual de instrucciones que explica cómo funciona el nervio vago, por qué actúa como lo hace y qué necesita para favorecer la salud y el bienestar del cuerpo, la mente y el alma. Desarrollada por Stephen Porges, esta teoría científica contiene una auténtica mina de oro de información para ayudarnos a recuperarnos del estrés, ser más resilientes y vivir con mayor paz. Aunque la neurociencia no sea lo tuyo, no pongas los ojos en blanco ni abandones este libro (todavía), ya que constituye una guía que traduce la complejidad de la teoría polivagal en explicaciones sencillas y estrategias prácticas. Aprenderás a integrar esta teoría en la vida diaria a través de técnicas concretas que podrás usar en cualquier parte. Con práctica, podrás utilizar el poder del nervio vago a tu favor.

Como psicoterapeuta con licencia, superviviente del trauma y propietaria de una empresa de formación de gran tamaño, sé, tanto en lo personal como en lo profesional, el impacto que puede tener el estrés. Aprender la teoría polivagal y aplicar su sabiduría nos ha cambiado la vida tanto a mí como a mis clientes. Uso estas técnicas cada día en mi vida personal, y cuanto más las practico, menos las necesito. A medida que mi sistema nervioso se va volviendo más resiliente, cada vez hay menos situaciones en las que me sienta abrumada y estresada, y cuando me altero consigo recuperarme con rapidez. Me siento más segura de mí misma porque hay menos circunstancias que logren desestabilizarme. Y confío más en la vida, porque sé que tengo la capacidad de afrontar lo que venga. Los clientes que tengo que aprenden estas herramientas refieren resultados similares: se sienten más equilibrados y felices, y menos abrumados por las emociones. Muchos de ellos utilizan estas técnicas a diario para gestionar los síntomas de la ansiedad, la depresión, el trastorno de estrés postraumático (TEPT) y las adicciones. Conectar con el poder del nervio vago puede cambiar radicalmente tu forma de lidiar con el estrés.

Conecta con tu nervio vago

Vagus, la palabra latina de la que procede *vago*, significa 'errante' o 'vagabundo'. Es el segundo nervio más largo del cuerpo, solo superado por el nervio ciático a este respecto. Este nervio «deambula» por el organismo y llega a múltiples destinos; es el nervio «trotamundos».

El nervio vago no es un solo nervio, sino un haz de fibras nerviosas eferentes y aferentes que transportan información entre el cerebro y el resto del cuerpo. Las fibras *eferentes* llevan información del cerebro a todo el cuerpo, mientras que las fibras *aferentes* llevan información de todo el cuerpo al cerebro. El vago es el canal que conecta el cerebro con el resto del organismo, ya que transmite señales en ambas direcciones.

El nervio vago se comunica con los músculos del oído interno, los músculos que rodean los ojos, los músculos de la cara, la garganta, las cuerdas vocales, los pulmones, el corazón y todos los órganos abdominales. Cuando este nervio es activado por las manifestaciones incipientes del estrés, puede inducir cambios en todas estas zonas. Dado que el nervio vago está conectado con tantos músculos y órganos, el estrés se convierte en una experiencia que afecta a todo el cuerpo.

Estos son algunos problemas de salud física y mental, y otros, asociados a un tono vagal inadecuado:

- Depresión
- Ansiedad
- Trastorno de estrés postraumático (TEPT)
- Adicciones
- Trastornos de la conducta alimentaria
- Dificultades con la atención, el aprendizaje y la concentración
- Problemas con las relaciones interpersonales
- Problemas digestivos
- Mareos o desmayos
- Problemas cardíacos y con la presión arterial
- Dificultades respiratorias

- Tensión y dolor muscular
- Rechinamiento de dientes
- Zumbido en los oídos
- Sudoración excesiva

Esta lista no es exhaustiva, pero probablemente sea suficiente para que puedas hacerte una idea del enorme poder y la tremenda influencia que tiene el nervio vago.

Cuando este nervio goza de buena salud (está bien «tonificado»), es mucho más probable que la mente y el cuerpo estén en orden y equilibrados. La digestión, el sistema inmunitario y la respiración funcionan como deben. Nos sentimos felices, en paz y plenos. Nuestras relaciones tienden a ser más estables y armoniosas. Y es más probable que disfrutemos de un sueño profundo y reparador. En cambio, cuando es activado por estímulos estresantes o atemorizantes, el nervio vago tiene un efecto perturbador sobre el equilibrio interno. En consecuencia, el cuerpo no puede funcionar de manera óptima, y pueden presentarse problemas de muchos tipos. Las emociones, el organismo y las relaciones se resienten si este nervio está sometido a presión de manera continua.

Para empezar, tómate un momento para conectar con tu nervio vago: pequeño pero poderoso, será un gran aliado en tu camino hacia el bienestar.

Ejercicio: Conecta con tu nervio vago

Busca un lugar confortable y tranquilo donde puedas conectar con el interior de tu cuerpo y explorarlo.
Vamos a recorrer distintos puntos del organismo a los que llega el nervio vago. A medida que leas, ve llevado la atención a estas zonas. Puedes poner las manos o los dedos sobre cada una, sucesivamente. Procede despacio, deteniéndote entre diez y treinta segundos en cada punto:

- *Los músculos del oído medio*
- *Los músculos que rodean los ojos*
- *Los músculos de las mejillas y la mandíbula*
- *Las cuerdas vocales*
- *El esófago*
- *Los pulmones*
- *El corazón*
- *Los órganos digestivos*

Conecta con cada punto sin prisas y mantén una actitud de curiosidad ante cualquier sensación que experimentes. ¿Notas tensión, suavidad o constricción? ¿Tal vez sientes que la energía se mueve en estas zonas? ¿O quizá no percibes nada? Observa lo que haya, con curiosidad y sin juzgarte.
¿Qué ocurre en estos puntos de conexión vagal cuando experimentas estrés o te encuentras en un estado de alteración emocional? Vuelve a efectuar el mismo recorrido, deteniéndote en cada zona y observando cómo la sientes

cuando te encuentras en cada uno de estos tres estados emocionales:

- *tristeza, decaimiento y desánimo;*
- *ansiedad, preocupación o enojo;*
- *paz, felicidad y equilibrio.*

Toma nota de las diferentes sensaciones y los distintos estados físicos que experimentas en estas partes del cuerpo cuando estás en cada uno de los estados emocionales mencionados. Es probable que adviertas unas diferencias considerables.

Ahora que has conocido tu nervio vago, amplía el alcance de tu atención. La próxima vez que experimentes frustración, disgusto, enojo, decaimiento o verdadero bienestar, fíjate en cómo responden estas zonas de tu cuerpo. Este es el primer paso para trabar amistad con tu nervio vago y tomar conciencia de tus respuestas de estrés.

Los puntos de presión

La sobrecarga emocional y el estrés van de la mano. Algo en nuestra vida actúa como factor estresante para nuestra mente y nuestro cuerpo, lo que lleva a nuestro sistema nervioso a generar las reacciones fisiológicas y psicológicas que llamamos «estrés», «agobio», «ansiedad» y «depresión», entre otras. El estrés es una experiencia que todos tenemos, si bien aquello que lo provoca puede variar enormemente según la persona. El tráfico en hora punta le puede parecer una nimiedad a alguien y una pesadilla a otro individuo; las facturas y el trabajo les pueden resultar agobiantes a algunas personas, mientras que otras sienten un estrés extremo al leer noticias sobre política o al interactuar con ciertos miembros de su familia. Todos tenemos nuestros propios detonantes o factores estresantes, y conocerlos es un buen punto de partida para nuestro proceso de acercamiento al nervio vago. De hecho, es fundamental que sepamos identificarlos. Llamo *puntos de presión* a estos detonantes y factores estresantes.

Los puntos de presión son cosas, personas, lugares o experiencias que activan una respuesta de estrés defensiva en el sistema nervioso y el nervio vago. Son esos puntos sensibles que, cuando se presionan, generan agitación interna. Cada uno de nosotros tenemos unos puntos de presión únicos que pueden sacarnos de nuestra zona de confort y desencadenar unos síntomas de estrés intensos. Estos puntos pueden tener su origen en la forma en que estamos configurados biológicamente, en traumas no resueltos, en nuestras experiencias culturales, en nuestra historia personal o en nuestras circunstancias actuales. Por ejemplo, es posible que no toleres los ruidos fuertes; en el momento en que se producen, eres presa del agobio y la ansiedad. No hay ninguna razón lógica por la que esto sea así; sencillamente, esta es tu configuración. Este sería un punto de presión relacionado con tu configuración biológica única. También puede haber un individuo concreto que sea un punto de presión para ti, porque te ha hecho daño en el pasado. Este sería un punto de presión vinculado a tu historia personal. Y un punto de presión circunstancial podría ser la inquietud que te genera una fecha límite inminente en el trabajo.

Como ves, los puntos de presión pueden ser muy diversos. Algunos tienen que ver con nuestra configuración biológica, otros con nuestra historia y otros con nuestra situación actual. Hay puntos de presión que se mantienen constantes, mientras que otros van cambiando. Cada persona tiene un conjunto único de puntos de presión, que no tiene por qué permanecer inmutable.

Aprender a reconocer tus puntos de presión te da la oportunidad de actuar con antelación frente a los estados emocionales previsibles y las respuestas de estrés. Saber detectar cuándo empieza a activarse tu sistema nervioso es una excelente manera de evitar que una pequeña chispa se convierta en un incendio descomunal.

Identifica tus puntos de presión

A continuación se presenta una lista de puntos de presión habituales. Anota todos aquellos que te generen un malestar considerable. Añade también cualquier otro que identifiques y que no esté incluido en la lista.

Trabajo o estudios	Niños	Amigos
Familia, parientes y amigos	Pareja, cónyuge o relaciones íntimas	Drogas, alcohol u otras sustancias adictivas

Economía	Salud física	Salud mental
Vida familiar	Quehaceres	Mascotas y otros animales
Vivienda	Comida	Necesidades básicas
Recuerdos del pasado perturbadores	Política	Racismo o prejuicios
Clima	Cuidar de otros	Tareas cotidianas
Viajar	Cambios vitales	Muerte u otro tipo de pérdida
Factores estresantes sensoriales (por ejemplo, sonidos, luces de techo, olores, texturas)	Lugares concretos (por ejemplo, el supermercado, el aeropuerto)	Determinados acontecimientos (por ejemplo, celebraciones, la feria escolar, barbacoas familiares)

Identifica con qué frecuencia experimentas estos puntos de presión: ¿a diario, semanalmente, mensualmente o a todas horas todos los días?

Intenta identificar con qué tiene que ver cada uno de tus puntos de presión:

1. *Tu configuración biológica.*
2. *Tu historia personal y tus experiencias únicas.*
3. *Circunstancias de la vida.*

Si tienes dudas en cuanto a algunos puntos, no pasa nada. No es necesario que lo tengas todo claro.

Ahora, dedica un rato a escribir y reflexionar. ¿Qué te llama la atención? ¿Has comprendido algo? ¿Ves algún patrón? ¿Cómo podrías usar esta información para evitar futuros episodios de estrés?

El arte de escuchar

Cuando contraemos la gripe, la COVID o un resfriado, el cuerpo nos avisa. Nos llama la atención y nos informa de que podríamos estar enfermos a través de ciertos síntomas. Notar la garganta irritada, los ojos llorosos o dolores musculares nos permite hacer algo al respecto. La conciencia de los síntomas es el primer paso.

Aunque ninguna intervención detendrá necesariamente la gripe o el resfriado de inmediato, podemos tomar algunas medidas para ayudar al sistema inmunitario a tener más probabilidades de éxito, como dormir más, beber más líquidos, llamar al médico o tomar algún medicamento o suplementos para recuperarnos. Si el cuerpo no nos mandara esas señales, tendríamos pocas oportunidades de intervenir y ayudarlo. Por tanto, los síntomas son, en parte, el modo que tiene el organismo de comunicarse con nosotros para que podamos actuar. No todas las enfermedades o alteraciones de la salud van acompañadas de unos signos de advertencia claros, pero en algún momento tomamos conciencia de los síntomas. Cuanto más capaces somos de escuchar al cuerpo, más rápido podemos detectar los síntomas y responder ante ellos.

Lo mismo es aplicable a la regulación emocional y la gestión del estrés. En cuanto al estrés, suele haber un período de acumulación. No ocurre siempre, pero muchas veces sí. Se va acumulando y va aumentando, hasta que llega el punto en que se vuelve abrumador e inmanejable.

Si aprendes a escuchar las señales que te manda tu cuerpo, podrás tratar el estrés del mismo modo que abordarías el comienzo de un resfriado. Si conoces tus señales, puedes intervenir; puedes evitar el desbordamiento emocional y utilizar el nervio vago para autorregularte con flexibilidad y calmarte.

Conoce tus señales

¿Sabes cuáles son las señales que te indican que estás estresado*? ¿Qué pistas y síntomas manifiesta tu cuerpo para avisarte de que estás empezando a abrumarte y alterarte? Estas señales transmiten un mensaje: que tu sistema se está activando y ha llegado el momento de lanzarle un salvavidas a tu nervio vago para evitar una catástrofe emocional.

Piensa en lo que experimentas cuando eres presa del estrés y estás fuera de tu centro. Anota los síntomas que reconozcas usando como inspiración la lista que sigue. Añade cualquier síntoma del que seas consciente que no esté incluido aquí:

* N. del T.: Por razones prácticas, se ha utilizado el masculino genérico en la traducción del libro. La prioridad al traducir ha sido que la lectora y el lector reciban la información de la manera más clara y directa posible.

- Tensión muscular
- Dolores de cabeza
- Alteraciones del sueño
- Cambios en el apetito
- Antojos de comida o determinadas sustancias
- Pensamiento acelerado
- Preocupación excesiva
- Irritabilidad o enfado
- Depresión
- Ansiedad o ataques de pánico
- Pérdida de interés en aficiones o relaciones
- Problemas digestivos
- Problemas cutáneos como brotes de eccema o psoriasis
- Cambios en el deseo sexual
- Palpitaciones
- Entumecimiento emocional o físico
- Nerviosismo, inquietud, no ser capaz de tener el cuerpo quieto en posición sentada
- Dificultad para concentrarte
- Sentirte desconectado de tu cuerpo
- Deseo de aislarte
- Sensación de desconexión mental, distracción, olvido
- Desesperanza
- Cambios en cuanto al contacto visual con los demás
- Pérdida de la felicidad y la alegría
- Pensamientos obsesivos

- Pesadillas
- Dolor físico
- Incapacidad de reaccionar, indecisión, inseguridad
- Pérdida de cabello
- Mayor consumo de sustancias adictivas
- Energía anormalmente alta o baja

El siguiente paso es hacer algo con esta información. De manera similar a cuando enfermas, estas señales son advertencias, oportunidades para intervenir. Si no intervienes, tu estresado sistema nervioso seguirá estresándose. Pero si aprendes a escuchar, puedes actuar y cambiar la dinámica. El desequilibrio emocional no tiene por qué ser una experiencia que escape a tu control. Sin embargo, para obtener un resultado diferente tienes que ser capaz de identificar las señales de advertencia.

Supongamos que te das cuenta de que te estás acatarrando pero decides pasar la noche en vela trabajando en un proyecto, tomas una gran cantidad de comida rápida y fumas un paquete de cigarrillos. En este caso, estás preparando el terreno para un desastre. Ese resfriado puede transformarse en algo mucho peor, como una neumonía o una bronquitis. En cambio, si escuchas las señales que te manda tu cuerpo, podrás tomar buenas decisiones para mejorar tu situación. Si duermes bien, bebes mucho líquido y descansas, el resultado será mucho mejor. Tus elecciones te permiten acelerar tu recuperación, reducir la probabilidad de sufrir una enfermedad grave y evitar que los síntomas empeoren. Esta misma lógica es aplicable a la gestión del estrés.

Imagina que notas que te estás estresando y agobiando pero tomas las mismas decisiones enunciadas: trasnochar, tomar mucha comida rápida y fumar sin parar. En este caso, es seguro que al día siguiente te sentirás fatal emocionalmente. Y es que no puedes alimentar tu sistema nervioso con veneno y esperar que te preste un buen servicio. Pero si identificas tus señales de estrés, das prioridad a tus necesidades y descansas, te alimentas bien y haces algo para equilibrar las emociones, es posible que al día siguiente te sientas mejor: habrás detectado las necesidades de tu sistema nervioso y habrás decidido trabajar con él en lugar de hacerlo en su contra.

Las elecciones tienen consecuencias, incluidas las que tomamos frente al estrés. Y para mejorar tus probabilidades de éxito frente al estrés debes conocer tus puntos de presión y tus señales; es así como podrás tomar decisiones que os beneficien a ti, a tus seres queridos y a otras personas de tu entorno. La toma de conciencia permite actuar e intervenir.

Resumen y aspectos clave

- El estrés y la sobrecarga emocional son partes inevitables de la vida, pero no tenemos por qué ser sus víctimas.
- El sistema nervioso es absolutamente clave para el equilibrio emocional. La teoría polivagal te ayudará a entender cómo funciona tu sistema nervioso y te ofrecerá estrategias potentes para vivir una vida más equilibrada.
- El nervio vago conecta la mente y el cuerpo e influye en el bienestar emocional. Llega a varias partes del organismo, como el oído interno, la cara, la garganta, las cuerdas vocales, los pulmones, el corazón y los órganos digestivos.
- El nervio vago juega un papel fundamental en las respuestas de estrés y en el bienestar emocional.
- Cuando el nervio vago se activa en respuesta a estímulos estresantes o atemorizantes, puede ocasionar varios tipos de sufrimiento físico y emocional.
- Los puntos de presión son detonantes o factores estresantes que activan las respuestas de estrés.
- Identificar tus puntos de presión o fuentes de estrés es clave para que puedas aplicar la teoría polivagal a tu vida.
- Ser consciente de las señales de estrés corporal puede ayudarte a intervenir a tiempo para evitar la saturación emocional.

Capítulo 2

¿Qué es la teoría polivagal?

¿Qué es la teoría polivagal y por qué te debería importar saberlo? ¿En qué consiste y cómo puede beneficiarte aprender este modelo científico? Como estás leyendo un libro de autoayuda, supongo que estás buscando maneras de sentirte mejor. Esperas obtener consejos para gestionar el estrés, encontrar más paz y alegría, superar experiencias difíciles y alcanzar tu máximo rendimiento. La teoría polivagal te ayudará a lograr todo esto. Por esto es significativo que la conozcas, sin lugar a dudas.

Cualquiera que sea tu objetivo al leer este libro, tiene que ver con tu sistema nervioso. Tal vez objetes que no lo escogiste pensando en tu sistema nervioso, pero te aseguro que es fundamental para que puedas alcanzar tus metas, sean cuales sean.

Tu sistema nervioso da forma a cada instante de tu vida, al percibir, filtrar e interpretar todo lo que ocurre y responder a ello. Cada emoción, pensamiento, comportamiento, movimiento, estornudo, ventosidad, ataque de tos y risa es un producto del sistema nervioso, si bien muchos otros sistemas corporales participan en estas manifestaciones. Tu sistema nervioso interactúa con los demás sistemas de tu cuerpo y, al hacerlo, te mantiene con vida. Los billones de células que componen este sistema se comunican a través de neuronas usando pulsos eléctricos, neurotransmisores y hormonas. Tanto si duermes bien por la noche como si no, tu sistema nervioso tiene un papel. Cuando sientes hambre o saciedad, es tu sistema nervioso el que manda estas sensaciones. Cuando miras a tu perro a los ojos y experimentas un sentimiento cálido, es tu sistema nervioso el que está actuando. Cuando te sientes feliz es gracias a tu sistema nervioso. Y también es responsable de tus sensaciones de ansiedad, depresión, alegría, amor, tristeza, dolor, etc. Tu existencia es una coreografía de impulsos eléctricos y neurotransmisores que viajan entre tus neuronas, todo ello contenido en un traje de piel.

Dado que tu sistema nervioso está en el centro de todo, será fundamental para que puedas hacer realidad tus aspiraciones en el terreno de la autoayuda. Un sistema nervioso saludable y resiliente es uno de los principales activos de los que puedes disponer para alcanzar tus metas, encontrar más paz y plenitud, y vivir una vida feliz. Por lo tanto, aprender a comprender tu sistema nervioso, lo que necesita y cómo tenerlo de tu parte te será extremadamente útil en tu búsqueda de un mayor equilibrio y el control del estrés. El conocimiento es poder, y saber trabajar con el sistema nervioso es un superpoder que a menudo se pasa por alto. Lo único que necesitas para acceder a este poder es el deseo de aprender y de aplicar lo aprendido.

La teoría polivagal te brinda este conocimiento tan potente. Aunque tal vez te parecerá densa y científica al principio, descubrirás que aprender sobre el nervio vago te aporta valiosas perspectivas que te llevarán a cultivar una relación armoniosa con tu neurobiología. Stephen Porges, doctor en Psicología, neurocientífico y profesor universitario, dedicó años a desarrollar este modelo. En 1969 comenzó a investigar la frecuencia cardíaca y su impacto en el bienestar emocional, y descubrió la existencia de conexiones profundas entre la frecuencia cardíaca, el nervio vago y el bienestar mental y físico. Impulsado por la curiosidad, siguió investigando; reunió hipótesis y hallazgos durante varias décadas, hasta dar forma a lo que hoy se conoce como la teoría polivagal.

Respaldada por numerosos artículos revisados por pares y los libros de Porges, que gozan de mucho prestigio, esta teoría ha sido llamada «la ciencia de la seguridad». Explica cómo responde a los estímulos estresantes nuestro sistema nervioso, arroja luz sobre lo que necesitamos para sentir que estamos a salvo y revela que la sensación de seguridad y la conexión son fundamentales para la salud y el bienestar.

Es importante señalar que el sistema nervioso humano tiene un gran alcance y que el estrés tiene que ver con muchas vías neuronales diferentes. La teoría polivagal se centra en el papel del nervio vago en la salud emocional y el bienestar. Sin embargo, no es el único nervio o estructura neurobiológica implicado en el estrés: no todas las respuestas de estrés ni todos los momentos de desequilibrio emocional tienen su origen en lo que hace el nervio vago; las dinámicas corporales son mucho más complejas. De todos modos, aprender sobre la teoría polivagal te permitirá obtener una gran cantidad de información y adquirir una visión profunda sobre el funcionamiento de tu sistema nervioso. El nervio vago es increíblemente importante para la salud física y emocional, como han demostrado una y otra vez las investigaciones científicas. Por lo tanto, aunque no sea el único nervio que influye en tu grado de estrés y en tus emociones, es probablemente uno de los que más los afectan.

Los principios básicos de la teoría polivagal

La teoría polivagal ofrece un marco para aprender sobre el nervio vago. Proporciona mucha información para entender cómo y por qué experimentamos estrés y qué necesitamos para reducir sus efectos negativos. Aunque el modelo es muy profundo y es fácil perderse en el laberinto de la neurociencia, no hay por qué ser un neurocientífico experto para aplicar lo que enseña a la propia vida. Haré todo lo posible para traducir conceptos complejos en ideas fáciles de digerir y estrategias de autoayuda.

Vamos a sumergirnos en algunos de los componentes clave de la teoría; procuraré que todo el material sea accesible y comprensible. Si quieres explorar la teoría polivagal con mayor profundidad y disfrutas con la neurociencia académica, te recomiendo que leas los libros y artículos académicos de Porges.

1. **Polivagal:** antes que nada, es pertinente aclarar que la teoría polivagal se llama *polivagal* porque ahonda en los nervios que conforman el nervio vago. En efecto, el nervio vago no es un solo nervio, sino que está compuesto por dos ramas de nervios que contienen muchas fibras nerviosas. Porges llamó *polivagal* a su modelo porque la teoría trata sobre cómo este conjunto de nervios interviene en una amplia gama de funciones corporales y emocionales.
2. **El sistema nervioso «automático»:** la teoría explica cómo el nervio vago influye en el *sistema nervioso autónomo*. Este sistema está compuesto por dos ramas, llamadas *simpática* y *parasimpática*. El sistema nervioso autónomo es reactivo o «automático», es decir, responde a los estímulos estresantes y de otro tipo automáticamente, sin que seamos conscientes de ello. Está programado para reaccionar así porque es fundamental

para la preservación de la vida del organismo en situaciones de peligro. Gracias a la genética y la evolución, el sistema autónomo tiene incorporadas estrategias de supervivencia, comúnmente conocidas como las respuestas de lucha, huida, parálisis o desmayo. El nervio vago tiene un papel importante en la activación y desactivación de estas defensas.

3. **Neurocepción:** el sistema nervioso «automático» es muy sensible a los estímulos con los que entramos en contacto. Usa un proceso llamado *neurocepción*, que hace referencia a una percepción en la que no interviene la conciencia, para decidir si el entorno es seguro o peligroso. Los puntos de presión que vimos en el capítulo uno son estímulos que la neurocepción identifica como peligrosos, amenazantes o desagradables. Nuestro sistema nervioso está siempre alerta buscando señales de peligro porque su prioridad número uno es la supervivencia. Todo aquello que perciba como potencialmente peligroso puede hacer que el nervio vago active respuestas de estrés o estrategias defensivas de supervivencia.
4. **El poder de las relaciones:** la teoría polivagal también destaca la importancia de la conexión y las relaciones interpersonales. Porges descubrió que el nervio vago juega un papel en la creación de vínculos seguros con otras personas e incluso

con animales. Sin el nervio vago no podríamos conformar relaciones funcionales. La conexión es necesaria para la salud y el bienestar. Las relaciones saludables, alentadoras y amorosas son fundamentales para estar bien. No es necesario ser una persona extrovertida con muchos amigos; una o dos relaciones confiables y reconfortantes, con otros seres humanos o con animales, obran maravillas en la mente y el cuerpo. Así como una planta necesita luz para crecer, el sistema nervioso necesita la conexión para funcionar de manera óptima. La teoría polivagal explica la importancia que tienen las relaciones para la salud y el bienestar, así como el papel que desempeña el nervio vago en la generación de una sensación de seguridad en las relaciones.

5. **La importancia de la evolución:** la teoría polivagal también analiza el papel de la evolución en el desarrollo del sistema nervioso. Durante millones de años, el sistema nervioso autónomo ha evolucionado desde la etapa inicial en que solo podía manifestar muy pocas estrategias de supervivencia hasta una etapa posterior en la que pasó a ser capaz de movilizarse para ofrecer las respuestas de lucha o huida; más adelante también pudo apreciar la seguridad y fomentar la creación de vínculos sociales. Este es el sistema nervioso que tenemos hoy. La transformación mencionada ha

tenido lugar en el curso de quinientos millones de años más o menos. La naturaleza nos ha dotado de una diversidad de estrategias de supervivencia (lucha, huida, parálisis y desmayo) más la capacidad de experimentar estados de descanso y recuperación.

Ejercicio básico

A lo largo de este libro encontrarás ejercicios de estimulación del nervio vago para llevar más paz, bienestar y equilibrio a tu vida. Hay muchas formas de conectar con el nervio vago con el fin de regular la propia neurobiología. Este ejercicio básico usa la cabeza y los ojos para estimular las propiedades calmantes del nervio vago. Es mejor practicarlo en posición acostada, aunque también se puede hacer en posición sentada. Este ejercicio ofrece una estrategia física para incrementar el flujo sanguíneo hacia el tronco encefálico, lo cual tiene un impacto positivo en el nervio vago (Rosenberg, 2017). Logra su efecto al incidir en los músculos y nervios de detrás de los ojos y el cuello. Tardarás menos de cinco minutos en hacer este ejercicio, por lo que es un recurso rápido al que puedes acudir cuando necesites centrarte.

Instrucciones:

1. *Túmbate bocarriba.*
2. *Entrelaza los dedos de las manos.*

3. *Lleva las manos detrás de la cabeza y haz que esta repose sobre las manos entrelazadas. Si no puedes hacer lo indicado, apoya la cabeza en una sola mano.*
4. *Suelta la tensión con la que estén cargando los hombros, los brazos y el cuello. Mantén el cuerpo relajado y suelto.*
5. *Mantén la cabeza centrada y quieta, y desplaza la mirada hacia la derecha. Encuentra un punto en el que puedas fijar la vista sin que los ojos estén en tensión. Puedes hacerlo con los ojos abiertos o cerrados.*
6. *Sostén la mirada en el punto elegido hasta que, sin proponértelo, bosteces, tragues saliva, emitas un suspiro o hagas una respiración profunda. El cuerpo puede manifestar esta reacción transcurridos unos segundos o unos minutos.*

   NOTA: Si no experimentas nada de lo indicado, ajusta la mirada: dirígela más arriba, más abajo, más cerca o más lejos. Asegúrate de que los ojos no estén en tensión. Experimenta con la dirección en la que diriges la mirada y espera a que se produzca alguna de las manifestaciones enunciadas.

7. *Lleva los ojos al centro y haz una pausa de unos segundos.*
8. *Repite los pasos 5 y 6 pero dirigiendo la mirada a la izquierda.*

9. *Vuelve a llevar la mirada al centro, suelta las manos y relájate. Observa cualquier cambio que se haya producido en tu estado físico o emocional.*

La práctica de este ejercicio básico puede inducirte una sensación de calma y mayor equilibrio. Después de hacerlo, es posible que el cuello y los hombros tengan una mayor capacidad de movimiento. Los cambios suelen ser sutiles pero significativos.

La riqueza de la salud neurológica

La salud emocional es un resultado de la salud física, y la salud física es un resultado de la salud emocional. Aunque muchas personas ven la salud emocional como algo independiente de la salud física, en realidad están íntimamente entrelazadas. Los pensamientos, sentimientos y emociones no son construcciones mentales etéreas, «místicas» o inventadas; son experiencias físicas generadas por el cuerpo.

Si reconocemos que la salud física y la salud emocional son una misma cosa, nuestra perspectiva cambia. Los sentimientos y emociones no son ideas inventadas, contenidos que hay que reprimir o «superar», sino síntomas físicos causados por el sistema nervioso. Sabiendo esto, tal vez pases a interactuar con ellos de una manera diferente. Las emociones no son más que una consecuencia del funcionamiento neurofisiológico. Probablemente no le diríamos a un amigo que «supere» un ataque de asma, ni nos diríamos a nosotros mismos «aguántate, cariño» cuando tenemos una gripe estomacal. Entonces, ¿por qué deberíamos pensar que podemos «superar» un ataque de ansiedad sin más o que un episodio depresivo solo es una invención de la mente? Ambos son manifestaciones de procesos físicos.

Como el resto del cuerpo, el sistema nervioso y el nervio vago necesitan cuidados. Si no cuidamos el cuerpo, no funcionará de manera óptima; es así de simple. Y si no atendemos nuestro sistema nervioso, las estrategias y técnicas terapéuticas para afrontar el estrés no darán resultado. La teoría polivagal subraya el hecho de que el nervio vago tiene un potencial sanador inmenso cuando favorecemos su funcionamiento positivo. Podemos activar el poder curativo del sistema nervioso aplicando los conocimientos de la neurobiología para fortalecernos y sostener nuestro bienestar. Sin embargo, también podemos desarrollar hábitos y patrones de conducta que hagan que el sistema nervioso actúe en nuestra contra. El sistema nervioso no es una máquina; es una parte viva del cuerpo, que se adapta, evoluciona y responde a lo que hacemos, y necesita recursos y nutrientes para funcionar de forma óptima. Cuando incorporamos prácticas que promueven su salud, colaboramos con nuestra biología en lugar de ponerle trabas.

Para ser más capaz de gestionar el estrés correctamente y aprender a fomentar la acción positiva del nervio vago deberás examinar tu estilo de vida. ¿Con qué estás «alimentando» a tu sistema nervioso y cómo te está beneficiando o perjudicando esta forma de nutrirlo? Tenemos que ser sinceros con nosotros mismos e identificar qué estamos haciendo bien y en qué aspectos debemos mejorar. Solo así podremos encontrar una forma de avanzar.

Tus hábitos de vida

Si quieres que los ejercicios de este libro tengan efecto, es importante que priorices tus necesidades básicas en cuanto a la salud. Tu nervio vago es crucial para tu bienestar general y requiere los recursos adecuados para funcionar de manera óptima. Los hábitos saludables son la base de un sistema nervioso resiliente.

Vale la pena señalar que las buenas intenciones por sí solas no garantizan unos buenos resultados. Muchos factores pueden influir en cuestiones determinantes para la salud como el sueño y el apetito, y es posible que no puedas controlarlos todos. Por ejemplo, cuidar a un recién nacido tiene un impacto ineludible en el sueño, y contar con recursos limitados para comprar alimentos nutritivos dificulta el uso de la comida como medicina. Pero sean cuales sean tus circunstancias, seguro que puedes hacer algo para favorecer tu salud y tu bienestar; un solo cambio ya es significativo, por pequeño que sea.

Cuando hablamos de hábitos saludables, no existe una fórmula única que le vaya bien a todo el mundo. Cada cuerpo es diferente y tiene unas necesidades y sensibilidades distintas. Además, hay muchos factores que influyen en la capacidad que tenemos de incorporar hábitos saludables. Los ingresos, la exposición a la contaminación y a sustancias químicas peligrosas, el acceso a agua potable, a una buena atención médica y la genética son solo algunos de estos factores. Soy consciente de las desigualdades socioeconómicas que existen en el mundo; en este apartado me limitaré a abordar los hechos neurobiológicos.

Los estudios han identificado ciertas variables que pueden mejorar significativamente nuestra salud neurológica; entre ellas, el sueño, la nutrición y la conexión social. Sean cuales sean tus circunstancias, es importante que prestes atención a estas variables mientras exploras formas de apoyar a tu sistema nervioso en tu propio beneficio.

Seguidamente exploraremos varios hábitos saludables que promueven el funcionamiento óptimo del nervio vago. No cabe esperar que alcances la excelencia en todas estas áreas, y seguramente habrá factores en tu vida, como los mencionados anteriormente, que influirán en tu forma de abordar dichos hábitos. Te pediré que te otorgues una puntuación en las distintas áreas en función de tus hábitos actuales; aborda esta evaluación con curiosidad y la mente abierta, sin sentirte culpable ni avergonzarte, y busca oportunidades para efectuar pequeñas mejoras. Cada pequeño avance cuenta para tener más recursos disponibles a fin de gestionar el estrés. Y esto es precisamente lo que le ofrecen a tu sistema nervioso los ámbitos que vamos a explorar a continuación: recursos.

Evalúate en cada una de las áreas que siguen en una escala del 0 al 10, correspondiendo el 0 a la peor situación posible y el 10 a la mejor situación posible.

Sueño: el sueño es la base de la salud y el bienestar. Es vital para tener un metabolismo saludable, la consolidación de la memoria y la recuperación física (Ohlmann *et al.*, 2009). Dormir es la actividad más importante que realizamos cada día; ¡es incluso más importante que la alimentación y el ejercicio! El sueño es muy regenerador y es crucial para un funcionamiento físico, psicológico y neurológico óptimo. La mayoría de nosotros necesitamos dormir entre seis y ocho horas cada noche. Algunas personas necesitan dormir más de ocho horas y para otras dormir menos de seis horas es suficiente. Una habitación oscura, silenciosa y fresca es un entorno ideal. Lo mejor es conciliar el sueño pronto y permanecer dormido la mayor parte de la noche o toda la noche. (Padres de recién nacidos, siento recordaros lo que estáis deseando con desesperación ahora mismo). Si no duermes lo suficiente, eres mucho más vulnerable frente a determinadas dolencias, las afecciones cardíacas, el cáncer, la diabetes, el deterioro cognitivo y la pérdida de memoria; también es mucho más fácil que ganes peso y tengas accidentes. Si no duermes lo necesario, tu salud física y emocional se resentirá sin lugar a dudas, y tu capacidad para trabajar con el nervio vago se verá significativamente afectada.

0 – 10
Califica tu sueño.

Hidratación: el cuerpo humano está compuesto por agua en su mayor parte. Por lo tanto, está claro que necesitas beber suficiente agua para sentirte bien (Carretero-Krug *et al.*, 2021). La hidratación sostiene todos los sistemas del cuerpo: contribuye a la digestión, al funcionamiento del sistema inmunitario, al desarrollo muscular, a la generación de energía, al rendimiento físico, al control del peso, al transporte de oxígeno por todo el cuerpo, a la movilidad de las articulaciones y al funcionamiento de los riñones. La hidratación también es importante para la salud óptima del corazón, la memoria, la cognición y la estabilidad emocional (Ganio *et al.*, 2011; Kempton *et al.*, 2011).

Los adultos necesitan beber aproximadamente 1,9 litros de agua al día (unos ocho vasos) para mantenerse hidratados. Esta cantidad puede variar según la edad, el peso y el grado de actividad.

0 – 10
Califica tu consumo de agua.

Alimentación: lo que metemos en el cuerpo afecta a su funcionamiento. Si no ingerimos suficiente comida nutritiva llena de proteínas, carbohidratos y otros nutrientes, la energía, el sueño, el estado de ánimo y el bienestar físico se resienten. Vivir a base de comida procesada es como poner azúcar en el depósito de gasolina del coche. El resultado no será bueno. Una dieta nutritiva incluye frutas y verduras, alimentos ricos en proteínas pero bajos en grasas, y cereales enteros. Los alimentos altamente procesados, el alcohol, los refrigerios azucarados y los productos con alto contenido en sal y grasas saturadas pueden afectar negativamente al sistema nervioso si se consumen regularmente en exceso. Y además de comer alimentos nutritivos, necesitamos comerlos en cantidades suficientes. Cada uno de nosotros requiere una aportación calórica diferente, en función de la edad, la altura, el peso y el grado de actividad. Si comemos demasiado, podemos sobrecargar el sistema. Al mismo tiempo, si estamos en déficit calórico, nuestro cuerpo no contará con los recursos energéticos que necesita para afrontar el día.

Existen muchas teorías, perspectivas y creencias sobre lo que es una dieta nutritiva. No las examinaré aquí. En lugar de pensar en términos de alimentos «saludables» frente a «no saludables», considera si lo que pones en tu cuerpo está ayudando a tus objetivos o dificultándolos en cuanto a la gestión del estrés. No tiene nada de malo darse un capricho dulce o salado, pero si la base de tu alimentación son productos problemáticos y rara vez comes los alimentos buenos para tu cuerpo, será difícil o imposible que mejores tu salud y tu bienestar. Lo que ingieres importa, y debes tenerlo en cuenta en relación con tu salud emocional.

0–10
Califica tu alimentación.

Relaciones seguras y que brindan apoyo: el sistema nervioso está mejor en presencia de relaciones saludables y enriquecedoras. Estamos diseñados para conectar y crear vínculos. Cuando sentimos que estamos seguros con los demás y que nos tienen en cuenta, nuestro cuerpo produce sustancias neuroquímicas que promueven el bienestar. Ya seas una persona introvertida o extrovertida, necesitas relacionarte. Las buenas relaciones son medicinales. Por otro lado, las relaciones tóxicas, caóticas y amenazantes son increíblemente dañinas para el sistema nervioso.

Un puñado de relaciones estables y enriquecedoras con otras personas o animales puede hacer maravillas por tu sistema nervioso. Piensa en las personas y animales importantes en tu vida. ¿Cuáles te brindan apoyo, te hacen sentir a gusto, son confiables en todo momento, te ofrecen amor y cariño, se preocupan por ti y te aceptan y acogen incondicionalmente? ¿Con cuáles puedes mostrarte tal como eres? ¿Cuáles no te inducen a sentir culpa o vergüenza, te tratan con respeto y amabilidad regularmente, y son una influencia esencialmente positiva en tu vida?

0 – 10

Califica la calidad de tus relaciones.

Ahora que tienes claro cuál es el punto de partida, identifica algo concreto y realista que puedas hacer la próxima semana en cada ámbito para mejorar las puntuaciones. Escribe tus objetivos y ponlos en un lugar donde los veas a menudo: en tu mesita de noche tal vez, o en el espejo del baño, o en una aplicación de tu teléfono. En definitiva, determina pequeñas metas que sientas que puedes alcanzar y procura tenerlas siempre muy presentes usando recordatorios visuales. Cuanto más te recuerdes tus objetivos, más probable será que adoptes los hábitos que te ayudarán a lograrlos.

Si te cuesta encontrar metas concretas y realistas, aquí tienes algunas ideas que te pueden inspirar:

- No usar el teléfono en la cama.

- Convertir la habitación en un entorno más favorecedor del sueño con el uso de cortinas opacas, un ventilador o una máquina de ruido blanco o sonidos relajantes.
- La primera acción que debes realizar por la mañana: beber un vaso de agua.
- Comer una fruta más al día.
- Quedar con un amigo para tomar café o llevar el perro al parque.
- Decir no a salir con esa persona que siempre genera conflictos.
- Escuchar con intención las señales de hambre del cuerpo.
- Evitar la cafeína después de las cuatro de la tarde.

Los pequeños cambios en las cuatro áreas mencionadas pueden traducirse en grandes mejoras. Tal vez no te apetezca incorporar algunas de estas medidas; después de todo, optar por la comida rápida te puede parecer mucho más atractivo que dedicar tiempo a cocinar una comida nutritiva, y desplazarte por el teléfono te puede parecer más interesante que ponerte a dormir. Pero piensa que mantener hábitos saludables es, en cierto sentido, parecido a pagar impuestos o a ir al médico, lo cual no queremos hacer en ningún caso, pero lo hacemos para evitar pagar un precio más alto después. En cualquier caso, hay una diferencia en lo que respecta a los hábitos saludables, y es que cuanto más los practicamos más deseamos seguir haciéndolo, hasta que llega el momento en que ya no nos cuesta.

Las vías autónomas y el nervio vago

Tu nervio vago forma parte de tu constitución biológica. Si no interactúas con él ni intentas trabajar con él, estás renunciando a un recurso clave para la gestión del estrés. Por lo tanto, trabajar con el nervio vago y sus funciones puede reportarte unos beneficios considerables. Puedes aprender a trabajar con este nervio entendiendo cómo funciona y aplicando ciertas técnicas para estimularlo, de modo que obtengas así los resultados deseados. Cuando pones en práctica habilidades que promueven la regulación del sistema nervioso, estás influyendo en el nervio vago y el sistema nervioso autónomo en favor de tu bienestar; estás tomando el control del estrés, el cual, como bien sabes, a veces galopa desbocado.

El nervio vago influye significativamente en lo que hace el sistema nervioso autónomo. Este está compuesto por tres vías, cada una de las cuales genera un tipo de respuestas emocionales y físicas. Una de estas vías nos moviliza y genera respuestas de lucha o huida. Otra vía nos inmoviliza y puede ocasionar una respuesta de bloqueo o parálisis (inmovilidad total). Y la tercera vía corresponde al estado regulado óptimo, en el que predominan la conexión y el equilibrio. Encontrar maneras de trabajar intencionadamente con estas vías puede volverte más capaz de tolerar y procesar las emociones, además de ayudarte a adaptarte a los cambios de la vida (Park y Thayer, 2014; Porges, 2021).

En los próximos capítulos profundizaremos en los principios de la teoría polivagal más relevantes para la autoayuda. Descubrirás un abanico de ejercicios que aprovechan el poder del nervio vago para prevenir y gestionar el estrés. Algunas de las técnicas te serán útiles para calmarte en el momento, mientras que otras te ayudarán a volverte más resiliente frente al estrés con el tiempo. A medida que avances, no solo conocerás cada vez mejor tu nervio vago, sino también tu neurobiología, y adquirirás habilidades concretas para regular tu grado de estrés.

Observaciones sobre la neurodivergencia

Neurodivergencia es un término que hace referencia a personas cuya configuración del sistema nervioso es un poco diferente de la «típica» (aquella que está en la base de los criterios de referencia médicos y sociales en cuanto a lo que es un sistema nervioso «normal»). Son consideradas personas neurodivergentes las que tienen autismo, las altamente sensibles, las que presentan el trastorno de déficit de atención (TDA) y aquellas a las que se ha diagnosticado una enfermedad mental (la lista no es exhaustiva). Si tu sistema nervioso es neurodivergente, es posible que algunas explicaciones sobre el sistema nervioso autónomo no reflejen del todo tu experiencia y te resulten confusas. Abordemos esta cuestión a renglón seguido, porque tu experiencia importa y, por lo tanto, tu sistema nervioso también.

Algunos diagnósticos y situaciones clínicas son el resultado de sucesos traumáticos o abrumadores que afectan al funcionamiento neurológico. El duelo y el trauma, por ejemplo, impactan profundamente en el cerebro y la neurobiología corporal. Muchos otros diagnósticos tienen una causa biológica. Algunos diagnósticos tienen como base una configuración especial del sistema nervioso debida a factores genéticos y a cómo se desarrolló dicho sistema en las primeras etapas de la vida; otros pueden ser el resultado de una lesión física que afecta al funcionamiento cerebral. Y, finalmente, algunos diagnósticos se deben a un desequilibrio en las sustancias neuroquímicas o la estructura del cerebro. Hay muchos factores que influyen en cómo funciona el sistema de cada persona. Algunos están bajo nuestro control y otros no.

Las manifestaciones neurodivergentes como el trastorno de déficit de atención e hiperactividad (TDAH), el autismo, el trastorno bipolar, los trastornos psicóticos y ciertas lesiones cerebrales traumáticas alteran el funcionamiento «normal» del sistema nervioso autónomo. Esta parte del sistema nervioso no solo responde a los estímulos externos; también responde a las sustancias neuroquímicas, a las hormonas y a la configuración fisiológica de la persona. Un funcionamiento atípico del sistema nervioso autónomo puede ser determinante para el diagnóstico de neurodivergencia. A veces, el sistema nervioso autónomo se comporta de ciertas maneras debido a la química cerebral, el funcionamiento del cerebro, una lesión o un problema de salud. No toda experiencia de desregulación es causada por el estrés; el sistema nervioso es muy complejo y el funcionamiento diferente del habitual puede tener muchas otras causas.

Esto no significa que este libro no pueda resultarte útil si eres neurodivergente. Léelo desde tu perspectiva única e individual. Aunque hay diferencias en cuanto al funcionamiento del sistema nervioso de cada uno, también se dan muchas similitudes. Por ejemplo, independientemente de las diferencias individuales, todos experimentamos estrés y respondemos a él de un modo u otro. Los consejos y técnicas que se ofrecen en este libro pueden ser útiles para cualquier persona, tenga o no un sistema nervioso neurodivergente. Trabajar con el nervio vago es beneficioso en una gran cantidad de situaciones físicas y psicológicas, entre las que hay que incluir los diagnósticos de neurodivergencia. Si te han diagnosticado alguna modalidad de neurodivergencia, las técnicas de gestión del estrés incluidas en este libro no tendrán un efecto en este diagnóstico, pero sí pueden ayudarte a manejar mejor el estrés y quizá, incluso, a mitigar algunos síntomas difíciles asociados a la neurodivergencia.

Resumen y aspectos clave

- La teoría polivagal, desarrollada por Stephen Porges, es un modelo teórico que explica las funciones del nervio vago y cómo el sistema nervioso autónomo responde a los estímulos estresantes. La teoría arroja luz sobre lo que necesitamos para gozar de salud y estar bien, y explica cómo la seguridad y la conexión juegan roles cruciales en el bienestar emocional y físico.
- *Neurocepción* es un término acuñado en el campo de la teoría polivagal que designa una percepción no consciente del entorno. El sistema nervioso está buscando señales de peligro constantemente y activa respuestas de supervivencia y estrés sin que seamos conscientes de ello.
- Las relaciones son medicinales para el sistema nervioso; el nervio vago juega un papel clave en la sensación de seguridad en compañía de personas o animales y en la creación de vínculos.
- La salud emocional y la salud física están entrelazadas. Cuidar la salud física es una manera de cuidar la salud emocional. Un buen sueño, la hidratación, una alimentación nutritiva y unas relaciones sanas establecen la base para el bienestar y la resiliencia.
- La teoría polivagal proporciona un manual de instrucciones para entender cómo y por qué experimentamos estrés y qué necesitamos para reducir sus efectos negativos.

- Mediante ciertas prácticas y hábitos saludables puedes aprender a influir en el nervio vago y mitigar tus respuestas de estrés.

Capítulo 3

El sistema nervioso autónomo

El sistema nervioso es como la pista de baile más concurrida del mundo; rebosa una energía electrizante en todo momento. Aunque pueda parecer un aspecto menor de nuestra constitución biológica, da forma a nuestra vida de muchas maneras. Sin el sistema nervioso no sentiríamos emociones, no percibiríamos sensaciones internas, no tendríamos pensamientos y no albergaríamos recuerdos. Me llena de asombro y me inspira humildad pensar en lo poderoso que es el sistema nervioso y en cómo influye en cada momento de nuestra vida. Sin embargo, rara vez pensamos en él, en lo que está haciendo y en lo que necesita.

En el campo de la neurociencia, se considera que el sistema nervioso está dividido en ramas o secciones. Así se puede estudiar mucho mejor, porque si no se efectuasen estas distinciones lo veríamos como una red de procesos y funciones enorme y compleja. Cada rama tiene sus roles y tareas. Por ejemplo, el cerebro y la médula espinal forman parte de una rama, el sistema nervioso central. Otra rama, el sistema nervioso somático, controla los músculos y el movimiento. Incluso hay una parte del sistema nervioso que controla las bacterias del intestino y la contracción de los músculos estomacales: el sistema nervioso entérico.

La teoría polivagal se centra en el sistema nervioso autónomo. El nervio vago puede influir en las distintas vías del sistema nervioso autónomo en función de cómo actúe sobre el corazón. Este nervio puede tirar de las *cuerdas* del sistema nervioso autónomo como un titiritero mueve los hilos de una marioneta. Ahora bien, dejando de lado la analogía, no tira de hilos, sino que usa el corazón y diversas sustancias neuroquímicas para cambiar el estado neurofisiológico.

El sistema nervioso autónomo consta de dos ramas, la simpática y la parasimpática. El sistema nervioso simpático es una vía movilizadora. Incrementa la frecuencia cardíaca y nos proporciona energía para realizar las actividades diarias. Cuando el sistema nervioso simpático responde a un estímulo estresante o a una percepción de peligro, el nervio vago acelera el ritmo cardíaco, lo que conduce a sensaciones como ansiedad, pánico, miedo e irritabilidad.

En cuanto a la rama parasimpática, según la teoría polivagal está compuesta por dos vías, denominadas *ventral* y *dorsal*. La parte ventral del sistema nervioso parasimpático es conocida también como el «sistema de conexión social». Cuando nos sentimos tranquilos, en paz o conectados con los demás, podemos dar las gracias a la vía vagal ventral por estas experiencias.

La otra parte del sistema parasimpático es la vía vagal dorsal. Esta parte del sistema nervioso tiene funciones de reposo, contención y reparación que le permiten al organismo restablecerse y regenerarse. Sin embargo, la vía vagal dorsal puede activarse en modo defensa y producir aletargamiento, desesperanza, depresión y una sensación de falta de energía. En cambio, la vía simpática tiene que ver con el movimiento, lo cual incluye las actividades lúdicas y las acciones defensivas. Puedes pensar que estas vías son como hermanas que presentan unas cualidades adaptativas diferentes, todas las cuales nos resultan útiles para adaptarnos a este mundo tan cambiante.

Cada vía presenta unos atributos únicos, y entre todas ellas nos brindan a los humanos una maravillosa montaña rusa de experiencias emocionales. Las tres vías están influidas por el nervio vago, y pueden cambiar su tipo de acción según si nos sentimos seguros o en peligro. En el primer caso, contribuyen a una vida plena y equilibrada, pero cuando sentimos que estamos en peligro o nos acosan factores estresantes, el nervio vago activa estas vías para protegernos y defendernos.

En este capítulo examinaremos estas vías en profundidad. Veremos las manifestaciones físicas y psicológicas asociadas a cada una y aprenderás a detectar cuál prepondera en cualquier momento dado. Con estos conocimientos podrás usar técnicas para potenciar la vía que necesites cuando lo necesites, lo que hará que tengas más poder y control sobre tus respuestas de estrés.

Las vías autónomas

Podemos equiparar las vías autónomas con las marchas de un automóvil. Así como un coche puede circular tranquilamente o ir deprisa, la neurobiología del ser humano también puede funcionar a distintas velocidades. Si podemos usar las vías autónomas para cambiar intencionadamente nuestra «velocidad», sentimos que dominamos la autopista (es decir, nuestra vida). Pero quizá recuerdes tu experiencia cuando aprendiste a conducir. Encontrar la velocidad correcta en relación con el uso de los pedales y las marchas fue una experiencia caótica al principio. De manera similar, podrías pasarlo un poco mal mientras aprendes a usar las marchas de tu sistema nervioso autónomo.

Así como no hay marchas buenas o malas en un auto, no hay vías buenas o malas en el sistema nervioso. Todas son necesarias. Ahora bien, cuando tenemos poco control sobre nuestro sistema nervioso o estamos abrumados por el estrés o experiencias traumáticas, estas vías quedan atrapadas en el modo de supervivencia y protección, y nos sentimos confusos, emocionalmente desequilibrados e increíblemente estresados. La vida es difícil cuando las vías autónomas no funcionan de manera óptima; la situación sería equiparable a no poder pasar de la primera marcha al conducir un coche. El nervio vago controla estas vías y puede hacer que una se imponga a las demás.

Estas son las tres vías autónomas y sus cualidades generales:

1. **Ventral:** las cualidades de esta vía incluyen la sensación de equilibrio, calma y bienestar; nos encontramos en ese punto justo en el que el cuerpo y la mente funcionan en armonía.
2. **Simpática:** esta vía, energizante y movilizadora, contribuye a que nos sintamos motivados, atentos y de buen humor. Cuando se activa en respuesta a estímulos atemorizantes o estresantes, podemos sentirnos ansiosos, preocupados y tensos.
3. **Dorsal:** esta vía es la de la quietud y la inmovilización. Cuando se activa en un contexto de seguridad y conexión, podemos sentirnos calmados, quietos, cansados y tranquilos. Sin embargo, cuando se activa en respuesta a estímulos estresantes, podemos sentirnos embotados, deprimidos, desesperanzados, solos e incluso disociados.

El contexto importa

Las vías autónomas son las reinas de la multitarea; siempre están trabajando entre bastidores para darnos el empuje neurobiológico necesario para afrontar el día. Cuando nos sentimos seguros, estas vías contribuyen al bienestar y la felicidad, pero cuando estamos en tensión, se activan para protegernos y defendernos. Es el nervio vago el que activa estas vías en respuesta a la sensación de peligro o de seguridad.

El sistema nervioso evalúa constantemente el entorno y determina si lo que está percibiendo es seguro o peligroso, placentero o desagradable, amistoso u hostil. Si detecta algo desagradable o peligroso, las vías se activan en modo defensivo para protegernos de un posible daño. Las señales típicas del estrés, como la tensión muscular, la ansiedad, la preocupación, la cavilación, el agotamiento y la pérdida de motivación, resultan de la acción defensiva de las vías autónomas. Cuando permanecemos demasiado tiempo en estados defensivos, tenemos la impresión de que nuestro sistema nervioso está totalmente desajustado, nuestra salud física se resiente y nuestras relaciones se vuelven dramáticas y complicadas.

El contexto es muy relevante para las vías autónomas. Cuando están activas en un contexto de seguridad, nos recompensan con experiencias de vida gratificantes. Cuando nos sentimos seguros y en paz, tenemos la energía necesaria para afrontar el día y podemos descansar cuando es el momento de hacerlo. Pero si estas vías se activan ante un peligro o una amenaza, manifestamos respuestas de supervivencia como la lucha, la huida, la parálisis total o el desmayo. Todo depende del contexto y de qué es aquello a lo que están respondiendo estas vías. Así como un camaleón cambia de color para adaptarse al entorno, estas vías pueden cambiar su manera de funcionar según las señales ambientales de peligro y seguridad. Si aprendes de qué maneras distintas responden tus vías a las señales de seguridad y peligro, contarás con información muy valiosa para gestionar el estrés y gozar de mayor equilibrio en la vida.

Tu perfil autónomo

Descubrir los misterios de las tres vías autónomas ha revolucionado mi perspectiva sobre el estrés y la manera de combatirlo. Al conocer las características únicas de cada vía puedo identificar más fácilmente cuándo empieza a aparecer el estrés y tomar medidas para evitar que llegue a un grado intolerable. Me he vuelto una experta en reconocer cuándo estoy a punto de saturarme, cuándo mi grado de estrés está por las nubes y cuándo es el momento de parar y recomponerme. El sistema nervioso autónomo funciona en piloto automático; responde a estímulos sin que ni siquiera nos demos cuenta. Desafortunadamente, muchos de nosotros no sabemos qué está haciendo nuestro sistema nervioso a lo largo del día. Tal vez seamos capaces de apreciar que el estrés se ha desbordado, pero a la mayoría nos cuesta detectar cómo va aumentando y se va acumulando. Una vez que sepas identificar las señales de advertencia, tendrás más posibilidades de intervenir antes de que la situación se descontrole.

Tu sistema nervioso tiene un perfil de respuesta único en lo que respecta a cómo reacciona ante la seguridad y el peligro. Se comunica mediante una especie de código personalizado para hacerte saber que te estás acercando a tu límite. El cuerpo te manda mensajes a través de síntomas sutiles que pueden convertirse en tus aliados en la gestión y la superación del estrés. Tu sistema nervioso te brinda señales y pistas sobre lo que necesita y sobre su estado de agobio. Aprender a identificar esas señales te permite responder y tomar el control del estrés en lugar de que el estrés te controle a ti. Pero primero tienes que saber cuál es tu perfil autónomo y aprender a leer el lenguaje de tu neurobiología.

Aprendí a reflejar el perfil de mi sistema nervioso autónomo gracias al trabajo de Deb Dana, pionera en el ámbito de la teoría polivagal (Dana, 2018). En el siguiente ejercicio realizarás una autoexploración que te permitirá identificar las señales características de cada vía. Definir y comprender tu perfil autónomo te permitirá conectar con tu cuerpo y tu neurobiología, un paso esencial para que puedas integrar la teoría polivagal en tu vida. Veamos cómo hacerlo.

La vía ventral

Es el momento de que conozcas tu vía ventral. Es una de las dos vías que componen tu sistema nervioso parasimpático. La vía ventral corresponde al estado fisiológico asociado a la salud, el bienestar, la recuperación y la conexión social. Es la zona de la regulación óptima, aquella en la que todo está en equilibrio. Cuando la vía ventral toma el control, tendemos a manifestar nuestra mejor versión.

Cuando nuestro sistema nervioso no es bombardeado con señales de peligro, factores estresantes u otras amenazas, podemos sentirnos a gusto en la vía ventral. Pero si el miedo nos invade, podemos perder la conexión con esta vía con gran rapidez. Aprender sobre la teoría polivagal te ayudará a mantener esa valiosa conexión incluso cuando la vida se exprese con dureza. De hecho, si somos capaces de mantenernos conectados a esta vía en momentos extremadamente difíciles, podremos alcanzar un mayor equilibrio emocional y hacer frente a los desafíos con mayor facilidad. Mantener la conexión con la vía ventral mitiga las consecuencias que a veces nos inducimos a nosotros mismos cuando reaccionamos emocionalmente o estamos abrumados por el estrés.

Determinadas cualidades emocionales y físicas acompañan a la vía ventral. Cuando está activa podemos conectar con los demás, nos interesan las relaciones y somos capaces de establecer vínculos saludables con personas y animales; también nos sentimos esperanzados respecto al futuro, motivados y de buen humor. Esta es la vía del equilibrio emocional; en conexión con ella podemos tolerar el estrés y lidiar con él, y sentirnos serenos y en paz. La vía ventral facilita el aprendizaje al fomentar la curiosidad y la creatividad, y al permitirnos retener mejor la nueva información. La digestión, la circulación, la frecuencia cardíaca, la presión arterial, la respiración e incluso el sistema inmunitario resultan favorecidos cuando estamos bien conectados con la vía ventral. Además, esta es la vía que promueve unos ciclos de sueño óptimos y reparadores, lo cual no tiene nada de sorprendente.

He aquí un par de listas representativas de las manifestaciones de la vía ventral:

Manifestaciones emocionales de la vía ventral

Buen humor	Calma y equilibrio	Regulación
Confianza	Curiosidad y apertura	Motivación
Esperanza	Descanso	Energía
Atención y alerta	Conexión con los demás	Ganas de cultivar aficiones

Manifestaciones físicas de la vía ventral

Frecuencia cardíaca y respiración reguladas	Sueño reparador	Presión arterial regulada
Funcionamiento óptimo del sistema inmunitario	Sueño reparador	Energía suficiente para afrontar el día
Funcionamiento óptimo del sistema inmunitario	El cuerpo se siente bien; no está agarrotado debido a la preocupación ni entumecido debido al desaliento	Contacto visual con los demás
Apetito regulado, sin antojos ni ansias intolerables	Funcionamiento óptimo del sistema digestivo	Temperatura corporal regulada

Ten en cuenta que estas listas no son exhaustivas. Úsalas como inspiración para definir tu perfil ventral.

Conecta con el sistema ventral y anota en una hoja de papel qué señales manifiesta en tu caso en los ámbitos emocional y físico, más concretamente en relación con estas áreas:

- Estado de ánimo
- Pensamientos y creencias
- Calidad del sueño
- Digestión, apetito y antojos
- Dolor y tensión
- Pasatiempos e intereses
- Relaciones
- Consumo de sustancias que alteran la mente
- Deseo sexual
- Relación con los amigos, los familiares y los desconocidos
- Rendimiento en los estudios o en el trabajo
- Cualquier otra área que sea significativa para ti

Ahora, conecta un poco más con la vía ventral y responde lo siguiente:

- ¿Qué color asocias a esta vía?
- ¿Qué canción o género musical identificas con esta vía? ¿Cuál sería la canción que sonaría al activarse tu vía ventral, como si hiciera una entrada triunfal?
- ¿Qué símbolo o imagen asocias a esta vía?

- Finalmente, ¿cómo quieres llamar a esta vía? Ponle un nombre. Aquí tienes algunos ejemplos: *vía alineada, vía regulada, vía «en la zona».*[*]

La vía simpática

A continuación vamos a ocuparnos de tu vía simpática, la vía movilizadora responsable de darte energía y ponerte en marcha. Las propiedades energizantes de esta vía nos permiten sentirnos motivados, vivos, llenos de energía y de buen humor. Pero si esta vía se activa en respuesta a factores atemorizantes, amenazantes o estresantes, nos hace sentir ansiedad, pánico, miedo o ira. Cuando el circuito simpático responde a señales de peligro, experimentamos las cualidades de la lucha o la huida. Estamos hipervigilantes, alterados, nerviosos, inquietos y agitados. Es posible que no podamos frenar la maquinaria mental, que tengamos pensamientos obsesivos y que nos cueste concentrarnos y retener la información. Podemos experimentar tensión muscular, un incremento del dolor o palpitaciones. También puede ser que nuestra respiración sea superficial y que nos suba la tensión arterial. Todas estas reacciones son útiles si necesitamos huir del peligro o defendernos de un agresor. Pero si el factor estresante es

* N. del T.: «Estar en la zona» hace referencia a un estado mental de plena implicación y disfrute. El investigador Mihály Csíkszentmihályi lo describió en la década de 1970. Según sus estudios, ocurre cuando desafío y habilidad se equilibran perfectamente. La mente entra en un modo de concentración activa, potenciando la creatividad y la eficiencia.

algo así como una reunión de trabajo frustrante y molesta, estas respuestas de lucha o huida son excesivas.

Aquí tienes las listas representativas de manifestaciones de la vía simpática frente a los estímulos atemorizantes y amenazantes:

Manifestaciones emocionales de la vía simpática

Ansiedad, pánico y preocupación	Pensamientos acelerados y cavilación	Enfado e irritabilidad
Pesadillas	Pensar en los peores escenarios posibles	Escenas retrospectivas
Dar vueltas a una experiencia una y otra vez	Agobio	Distracción y dificultad para concentrarse
Dificultad para conectar con los demás	Dificultad para escuchar y seguir el hilo de las conversaciones	Comportamientos obsesivos y compulsivos
Hablar demasiado rápido	Estar con los nervios de punta	Sentirse inestable o desbordado

Manifestaciones físicas de la vía simpática

Corazón acelerado	Respiración rápida y superficial	Presión arterial elevada
Explosión de adrenalina	Tener los nervios de punta y sentirse a punto de estallar	Pérdida de peso

Tensión muscular	Dolor de cabeza	Pérdida del apetito
Incapacidad para dormirse, despertarse a menudo, sueño inquieto	Mayor sensibilidad a estímulos sensoriales como sonidos, olores y texturas	Inquietud, incapacidad para sentarse quieto, impulso irrefrenable de moverse

Ahora, escribe el perfil específico de tu vía simpática cuando esta se activa en respuesta a estímulos amenazadores y estresantes. Para empezar, anota qué señales manifiesta en tu caso esta vía movilizadora en los ámbitos emocional y físico, más concretamente en relación con estas áreas:

- Estado de ánimo
- Pensamientos y creencias
- Calidad del sueño
- Digestión, apetito y antojos
- Dolor y tensión
- Pasatiempos e intereses
- Relaciones
- Consumo de sustancias psicoactivas
- Libido y deseo sexual
- Relación con los amigos, los familiares y los desconocidos
- Rendimiento en los estudios o en el trabajo
- Cualquier otra área que sea significativa para ti

Responde lo siguiente:

- ¿Qué color asocias a esta vía?
- ¿Qué canción o género musical identificas con esta vía? ¿Cuál sería la canción que sonaría al activarse tu vía simpática, como si hiciera una entrada triunfal?
- ¿Qué símbolo o imagen asocias a esta vía?
- Finalmente, ¿cómo quieres llamar a esta vía?

La vía dorsal

Por último, pero no menos importante, tienes que conocer la vía dorsal, la de la inmovilización. Cuando se activa en ausencia de estímulos atemorizantes o inquietantes, nos permite estar quietos, dormir y descansar. Necesitamos la vía dorsal para disfrutar los momentos más tranquilos y calmados de la vida. Pero si se activa debido a un estímulo atemorizante o inquietante, puede hacer que nos retraigamos y nos bloqueemos. Esta es la vía que induce la desesperanza, la depresión, la desesperación y la insensibilidad emocional. Hace que nos sintamos aislados y desconectados de los demás, y que perdamos interés por la vida. Carecemos de motivación, energía y deseo. Nuestro cuerpo entra en un estado de protección extremo a modo de preparación para hacer frente a una posible lesión emocional o física grave. Nos retraemos como una tortuga que se encierra en su caparazón o nos desconectamos mentalmente. El desmayo es un ejemplo de respuesta dorsal extrema a un peligro. La activación dorsal también conduce al entumecimiento, a desconectar del cuerpo y a la disociación. Estas pueden ser magníficas tácticas de supervivencia si luchar o huir no son opciones, pero estas respuestas extremas no son útiles en muchos casos. Por ejemplo, desmayarnos en la sala de reuniones porque ya no podemos aguantar más al jefe no es la mejor estrategia.

Estos son algunos de los efectos inducidos por la vía dorsal:

Manifestaciones emocionales de la vía dorsal

Depresión y desesperación	Tristeza y soledad	Anestesia emocional
Desorientación	Indefensión, impotencia	Disociación
Pérdida del deseo de conectar	Sentirse muerto por dentro	Falta de expresión emocional
Pérdida de interés en actividades, personas, estudios, trabajo o la vida en general	Deseo de aislarse	Pensamiento lento

Manifestaciones físicas de la vía dorsal

Sensación de gran fatiga	Deseo de dormir más de lo necesario	Dificultad para mostrar expresiones faciales
Presión arterial baja	Frecuencia cardíaca baja	Respiración lenta

Falta de sensibilidad corporal	Sensación de cansancio o agotamiento	Aumento de peso
Antojos y aumento del apetito	Digestión lenta	Dificultades para orinar o deponer

Como has hecho con las vías ventral y simpática, define el perfil de tu vía dorsal en relación con lo siguiente:

- Estado de ánimo
- Pensamientos y creencias
- Calidad del sueño
- Digestión, apetito y antojos
- Dolor y tensión
- Pasatiempos e intereses
- Relaciones
- Consumo de sustancias que alteran la mente
- Libido y deseo sexual
- Relación con los amigos, los familiares y los desconocidos
- Rendimiento en los estudios o en el trabajo
- Cualquier otra área que sea significativa para ti

Responde lo siguiente:

- ¿Qué color asocias a esta vía?
- ¿Qué canción o género musical identificas con esta vía? ¿Cuál sería la canción que sonaría al activarse tu vía dorsal, como si hiciera una entrada triunfal?

- ¿Qué símbolo o imagen asocias a esta vía?
- Finalmente, ¿cómo quieres llamar a esta vía?

La mezcla de vías

El sistema nervioso rara vez está gobernado por una sola vía; lo más común es que concurran dos. Y así como la mezcla de colores primarios da lugar a nuevos colores, la mezcla de vías autónomas da lugar a ciertas experiencias neurológicas.

Ventral + Simpática = Juego + Rendimiento

Cuando la vía ventral se combina con la simpática, tendemos a sentirnos energizados y seguros al mismo tiempo. Nos sentimos equilibrados, curiosos y abiertos, a la vez que tenemos vigor y energía. Piensa en la diferencia entre sentirse emocionado y energizado frente a sentirse ansioso y asustado. En ambos estados está activa la vía simpática, pero la energía movilizadora muestra unas propiedades diferentes según si nos sentimos seguros o inseguros. Podrías experimentar el estado de activación ventral y simpática cuando juegas con tu hijo o tu perro, cuando haces ejercicio en el gimnasio o cuando estás jugando a un juego con amigos. En estas situaciones, en principio captas suficientes señales de seguridad como para que tus vías no reaccionen a partir del miedo, lo que le permite a tu vía simpática aportar propiedades movilizadoras sin activar una respuesta de lucha o huida. Si no fuera por esa conexión con la vía ventral, la próxima vez que te emocionaras mucho en una noche de juegos podrías salir corriendo presa del pánico o romper platos en un arrebato de ira.

Ventral + Dorsal = Quietud

Cuando la expresión ventral se mezcla con cualidades dorsales nos sentimos aquietados, tranquilos y relajados. Formando parte de la mezcla el aspecto ventral, podemos sentirnos seguros y calmados mientras nos sentimos aquietados bajo la influencia dorsal. Si la conexión a la vía ventral y a la seguridad es suficiente, esta experiencia combinada nos permite inmovilizarnos sin caer en el extremo de la depresión, la desesperanza y la desesperación dorsales. Cuando la vía dorsal puede sumarse a la mezcla, siempre en un contexto de seguridad, podemos relajarnos en el sofá y ver una película. Tal vez nos quedemos dormidos mientras nos dan un masaje o al final de una clase de yoga. Podemos acurrucarnos con un ser querido o una mascota y sumergirnos completamente en la experiencia. Si no fuera por la conexión con la vía ventral, nos acomodaríamos en el sofá y de repente nos encontraríamos en medio de una crisis existencial depresiva. O iríamos a que nos dieran un masaje y saldríamos sintiéndonos desesperanzados y peor que cuando entramos. En estos ejemplos, la conexión con la vía ventral es suficiente para proporcionar una sensación de seguridad, pero la adición de la acción dorsal le permite al cuerpo relajarse profundamente y quedarse quieto.

Simpática + Dorsal = Parálisis

Probablemente ya hayas oído hablar de la respuesta de parálisis o congelación. Es una táctica de supervivencia muy utilizada en el mundo animal. Piensa en un conejito al que te acercas en el jardín y permanece totalmente inmóvil entre la hierba. La respuesta de parálisis o congelación se presenta con tensión muscular y una energía movilizadora. La vía simpática proporciona el impulso de moverse, huir o defenderse, mientras que la vía dorsal aporta un componente de inmovilización.

La parálisis o congelación es la experiencia de albergar mucha tensión en el cuerpo pero ser incapaz de moverse. Esta es una estrategia útil cuando hay que esconderse o permanecer extremadamente quieto frente al peligro. Esta combinación de energía tensa y movilizadora por un lado, y la inmovilización cautelosa ante el peligro o la amenaza por otro lado, da lugar al estado de parálisis. Combinadas, las vías simpática y dorsal proporcionan esta estrategia de supervivencia, que es interesante. Pero muchas veces este es también el estado en el que nos encontramos cuando estamos atrapados en la dilación, la indecisión o incluso la difícil experiencia de querer actuar de inmediato pero no poder hacerlo.

Pon nombre a tus vías combinadas

Explora las vías combinadas desde tu experiencia y pon un nombre de tu invención a cada una de ellas.

Ventral + Simpática
Al estado de sentirme seguro/a y energizado/a
lo llamo....................

Ventral + Dorsal
Al estado de sentirme seguro/a e inmovilizado/a
lo llamo..................

Simpática + Dorsal
Al estado de sentir miedo y tener el impulso de actuar
a la vez que soy incapaz de moverme o tomar una decisión
lo llamo...................

Resumen y aspectos clave

- Tenemos tres vías autónomas, y el nervio vago juega un papel significativo en cómo se manifiestan en nuestra vida.
- Las vías autónomas son la ventral, la simpática y la dorsal. Hay ciertas expresiones físicas, emocionales y sociales asociadas a cada una de ellas.

- Cada vía es necesaria para la vida. Cuando se activan en respuesta al peligro o a estímulos estresantes, manifiestan cualidades protectoras y defensivas.
- La vía dorsal es inmovilizadora. De su acción resultan el entumecimiento, la depresión o la desconexión si se activa frente a un peligro.
- La vía simpática es movilizadora. De su acción resultan la ansiedad, la lucha, la huida o la ira si se activa frente a un peligro.
- La vía ventral es la de la «conexión social». Promueve un estado alejado de los extremos en el que nos sentimos equilibrados y bien.
- Las vías autónomas pueden combinarse y dar lugar a una diversidad de experiencias. La parálisis (congelación), el juego y la quietud son algunas manifestaciones de la mezcla de vías.
- Entender estas vías es básico para que puedas trabajar con las respuestas de estrés del sistema nervioso autónomo y fomentar el equilibrio emocional en tu vida.

Capítulo 4

La neurocepción

La función más importante del sistema nervioso es mantenernos con vida. Una de las formas en que lo hace es realizando predicciones sobre las necesidades que tenemos en cuanto a la supervivencia. Tiene maneras muy inteligentes y sofisticadas de evaluar la seguridad en todo momento, hacer pronósticos y responder con defensas calculadas. Alberga el poder de las vías autónomas, que se activan para defendernos y protegernos de peligros inminentes, como pueden ser una serpiente venenosa, un agresor o un edificio en llamas.

Pero a veces el sistema nervioso aplica las mismas estrategias defensivas que manifiesta ante situaciones de vida o muerte a los factores estresantes del día a día. Puede considerar peligroso algo que no lo es, como la bandeja de entrada del correo electrónico o una conversación con un ser querido. Aunque hay correos e interacciones con seres queridos que pueden ser difíciles, no constituyen amenazas para la vida. Seguro que estás de acuerdo en que una fecha límite en el trabajo no es igual de peligrosa que un edificio en llamas y no requiere una respuesta de emergencia máxima por parte del sistema nervioso autónomo. Pero el sistema nervioso no es lógico. Si no se controla, las mismas respuestas corporales protectoras que se activan para hacer frente a un peligro inminente pueden activarse debido a factores estresantes de poca importancia. ¡No es de extrañar que el estrés llegue a ser tan abrumador!

El sistema nervioso es un compañero leal que está velando por nuestra seguridad constantemente. Prioriza nuestra supervivencia por encima de todo, aunque ello pueda suponer equivocarse en cuanto a lo que supone o no un peligro inminente. Lleva a cabo su labor protectora y efectúa sus predicciones a través de un proceso llamado *neurocepción*. *Neurocepción* es un término importante dentro de la teoría polivagal que hace referencia a la detección sin la participación de la conciencia (Porges, 2017).

Sin que nos demos cuenta, nuestro sistema nervioso analiza –en busca de peligros potenciales– todo aquello con lo que nos encontramos. La neurocepción es este proceso de verificación constante de si algo es peligroso o no lo es. Si la neurocepción detecta algo amenazante, el nervio vago activa las funciones protectoras de las vías autónomas. La neurocepción no es un proceso consciente ni lógico. Consiste en efectuar predicciones y provocar reacciones. A veces la evaluación es acertada, mientras que otras veces podemos quedar atrapados en reacciones emocionales innecesarias. La descarga de energía que se activa en respuesta a un coche que empieza a invadir nuestro carril es útil; este impulso movilizador procedente de la vía simpática nos hace reaccionar rápido y tal vez evitemos un accidente. Sin embargo, esta misma descarga de energía en respuesta a la rabieta de nuestro hijo de dos años en una tienda no es tan útil.

Con la neurocepción exploramos, sin darnos cuenta, tres entornos: los estímulos ambientales, las sensaciones físicas y emocionales que experimentamos dentro del cuerpo, y lo que captamos con origen en los seres vivos (personas y animales) con los que entramos en contacto. Este sofisticado sistema cuenta con información que le permite evaluar y predecir rápidamente, sin la participación de la conciencia, si algo supone o no algún peligro. Si detecta que algo podría ser peligroso de alguna manera, se activan las vías autónomas que ofrecen respuestas de protección y defensa. De resultas de ello podemos vernos arrastrados a experiencias emocionales reactivas, desagradables y abrumadoras que pueden traer mucho malestar y angustia a nuestra vida si las respuestas son exageradas en relación con las situaciones.

Los elementos que el sistema nervioso interpreta como peligrosos pueden ser evidentes o sutiles. Una sartén en llamas en el fogón es, sin duda, una señal clara de peligro. Pero ¿sabías que la neurocepción también puede interpretar el tono de voz de alguien, un olor, un cuadro torcido o la iluminación de una habitación como una amenaza? Aunque el cerebro pueda reconocer que las luces del techo no ponen en jaque la supervivencia, la neurocepción puede decir: «No me gusta esto. Me genera inquietud e incomodidad y, por lo tanto, podría constituir un peligro». Teniendo en cuenta estas sutilezas, podemos ver que la neurocepción puede ser un factor clave en las respuestas de estrés no deseadas que llegan a ser agobiantes.

Hace algunos años, estaba mirando la sección de helados del supermercado cuando oí un estallido fuerte. El ruido llamó mi atención y mis procesos neuroceptivos se activaron para evaluar la situación. Me pregunté si eso había sido un disparo. Me quedé paralizada en el pasillo del congelador, intentando evaluar rápidamente si me encontraba a salvo. Mi corazón empezó a latir más deprisa. Contuve la respiración. Imágenes del tiroteo masivo que había tenido lugar la semana anterior en un supermercado de mi localidad cruzaron por mi mente; también empezaron a pasar por mi cabeza imágenes de una experiencia personal que tuve relacionada con la violencia armada.

Mi sistema nervioso estaba alerta, tratando de realizar predicciones y ayudarme a sobrevivir. Me volví muy consciente de todos los estímulos visuales, sonidos, olores y personas que había en la tienda en ese momento. Mi cerebro estaba intentando procesar los datos ambientales a toda velocidad. Además, estaba revisando toda la información que tenía sobre las pistolas para efectuar conjeturas. Con todo ello me estaba preparando para responder de tal manera que mis probabilidades de sobrevivir fuesen máximas.

Unos adolescentes entraron de repente en el pasillo. Estaba claro que estaban jugando y bromeando. Uno de ellos había encontrado plástico de burbujas y las estaba reventando cerca del oído de otro chico. Hubo una «explosión» más delante de mis ojos mientras la víctima de la broma le daba un puñetazo juguetón en el hombro a su amigo. «¡Ah! –pensé–, solo son estos chicos jugando. Estoy a salvo. No hay ninguna pistola». Mi corazón pasó a latir más despacio y mi respiración regresó a la normalidad, así que intenté volver a concentrarme en elegir un sabor de helado.

En ese momento reconocí que mi respuesta automática a ese ruido repentino había sido posible porque la neurocepción estaba haciendo su trabajo. Mi sistema captó un sonido que podría haber sido una señal de peligro y en un instante me encontré llena de energía por si necesitaba echar a correr o comenzar a pelear. Aunque no había ningún peligro, mi sistema nervioso autónomo estaba listo y preparado para actuar. Permanecí en el estado de parálisis hasta el momento en que me di cuenta de que me encontraba a salvo. Mi cuerpo estaba movilizado, listo para la acción, pero yo estaba inmovilizada mientras evaluaba más a fondo el entorno. La neurocepción le comunicó instantáneamente a mi nervio vago qué debía hacer y qué vías autónomas debían estar activas para que yo pudiese responder de una manera apropiada.

Aún de pie en el pasillo de los helados, respiré hondo varias veces para conectar mejor con la vía ventral. Mientras lo hacía, noté que no me sentía a gusto en aquel supermercado, y que el sonido estruendoso de antes no era la única causa. Entonces tuve curiosidad y empecé a examinar toda la información que mi neurocepción estaba evaluando inconscientemente. Observé que la distribución del local no era buena; daba la impresión de ser un espacio mal organizado y abarrotado, lo cual no le gustaba a mi sistema nervioso. Pensé que había efectuado un hallazgo interesante y manteniendo la curiosidad me di cuenta de que había algunas otras cosas que no me gustaban: las luces brillantes del techo, lo lleno que estaba el local y la falta de indicaciones sobre las salidas. Mientras pagaba, también advertí que los empleados no eran especialmente amables: no establecían contacto visual, no entablaban conversación ni sonreían. No los culpo por estar extenuados en un trabajo remunerado con el salario mínimo, pero la falta de conexión influyó en mi neurocepción y en cómo me sentía en ese lugar.

Llegué a casa y descubrí que había olvidado un ingrediente esencial para una receta, así que tuve que volver a salir. Pero esta vez fui a otro establecimiento. Activé de nuevo la curiosidad y enseguida noté que mi sistema nervioso prefería el segundo supermercado. Me gustaba más la distribución de este último. Estaba más limpio que el primero y bien organizado, y los pasillos eran anchos y espaciosos. Este establecimiento estaba menos concurrido, lo cual también era del agrado de mi sistema nervioso. Además, tanto los compradores como el personal eran más amables. La gente sonreía y establecía contacto visual, y los trabajadores eran afables conmigo y entre ellos; sonreían, reían y no parecía que odiaran estar ahí. Mi sistema nervioso evaluó rápidamente todos esos datos y los consideró significativos. Mi neurocepción consideró que todos ellos eran señales de seguridad, lo que me permitió sentirme tranquila y a gusto.

Había ido a esos dos supermercados varias veces antes, pero esa fue la primera vez que presté atención a cómo mi neurocepción experimentaba cada uno de ellos. Me di cuenta de que antes de ir a comprar al primero notaba una leve ansiedad; temía ir ahí, y normalmente me sentía estresada y abrumada al salir del local. En cambio, me sentía tranquila y calmada mientras compraba en el segundo supermercado. Experimenté con esta nueva comprensión y durante las semanas siguientes solo fui al segundo establecimiento. Descubrí que mi habitual aversión por hacer la compra cambió. Antes, normalmente era un fastidio para mí ir al supermercado a comprar, pero ahora que iba a un local en el que mi sistema nervioso autónomo se sentía mejor, esa aversión disminuyó. Como me sentía tranquila y segura en el segundo supermercado, mi temor no iba en aumento mientras iba conduciendo hasta allí, y no salía abrumada y estresada.

Comencé a escuchar pódcast mientras compraba en el segundo establecimiento. Nunca lo habría hecho en el primero, porque ponerme los auriculares dificultaba que pudiese oír lo que pasaba a mi alrededor. En el primer supermercado, como mi sistema nervioso se encontraba en un estado de alerta permanente, de ningún modo le gustaba que redujese mi capacidad de percibir un peligro potencial escuchando un pódcast. Nunca antes había reparado en este hecho. Después de un tiempo, mi sistema nervioso empezó a ver las compras como una oportunidad de estar a solas con mis pensamientos y tomarme un respiro. Mi sistema nervioso convirtió las compras en un recurso para lidiar con el estrés, pero eso solo fue posible porque me sentía muy segura en el segundo supermercado y pude notar la diferencia. Algo tan simple como hacer la compra puede afectar significativamente al grado de estrés.

Ve a comprar en compañía de la neurocepción

La próxima vez que salgas de casa, por ejemplo a comprar, conecta con tus procesos neuroceptivos y averigua cuáles son las preferencias de tu sistema. Cualquier establecimiento sirve para este propósito, y también otros tipos de entornos. Puedes llevar este libro contigo o una copia de las siguientes preguntas para despertar tu curiosidad mientras estudias tu neurobiología. Este ejercicio te ayudará a identificar las señales del entorno externo evaluadas por tu neurocepción.

1. Elige cualquier establecimiento o lugar. Experimenta con varias posibilidades para notar diferencias en la forma en que tu neurocepción responde a los estímulos.
2. Déjate guiar por la curiosidad. Las señales de peligro y seguridad no son idénticas para todas las personas y no las hay correctas ni incorrectas.
3. Explora el entorno despacio y toma conciencia de la gran cantidad de estímulos con los que entran en contacto tus sentidos:

Vista. ¿Qué ves? ¿Cómo describirías la disposición del lugar donde estás? ¿Es un espacio despejado o abarrotado? ¿Está organizado o es caótico? ¿Dónde están las salidas? ¿Cómo es la iluminación? ¿Qué colores percibes?
Olfato. ¿Cómo huele este lugar?
Tacto. ¿Qué temperatura hace? ¿Hay corriente de aire? ¿Qué puedes tocar y cómo lo sientes al tacto? ¿Qué sensación tienes bajo los pies? ¿Qué texturas y sensaciones físicas acompañan a esta experiencia?
Oído. ¿Qué sonidos percibes? ¿Cuáles son cercanos y cuáles lejanos? ¿Hay demasiado ruido, hay demasiado silencio o te parece correcto el ruido ambiental?
Gusto. ¿Asocias algún sabor a este espacio?

Personas y animales. ¿Hay seres humanos o animales en el lugar? ¿Cuántos? ¿Demasiados, pocos, la cantidad adecuada? ¿Cómo te hacen sentir sus comportamientos? ¿Cómo interactúas con estas personas o estos animales? ¿Cómo interactúan entre sí?

4. Ahora que eres más consciente del espacio en el que te encuentras, identifica aquello que incomoda o estresa a tu sistema nervioso, tal vez porque lo considera amenazador. No tienes por qué encontrar una explicación a lo que experimenta tu sistema nervioso; a veces hay causas profundas y otras veces solo ocurre que determinadas señales tienen ciertos efectos.
5. Identifica aquello que te hace sentir a gusto, que te parece interesante o que te aporta una sensación de seguridad. Tampoco en este caso necesitas razones o explicaciones; solo toma conciencia de tus preferencias.
6. ¿Eras consciente de esta información antes de hacer este ejercicio? ¿Qué aspectos de esta práctica te han llamado la atención? Ahora que has tomado mayor conciencia de los estímulos a los que has estado reaccionando, probablemente de manera inconsciente hasta ahora, ¿hay algo que te haya sorprendido? ¿De qué te has dado cuenta por primera vez?

Nuestro sistema de seguridad personal

La neurocepción es como un sistema de seguridad personal que está controlando constantemente lo seguro que se encuentra el cuerpo. Está siempre activo en busca de amenazas, listo para hacer sonar la alarma si detecta peligro. El sistema nervioso y el cerebro pueden evaluar rápidamente la información, hacer predicciones sobre el grado de seguridad y activar de inmediato una respuesta defensiva autónoma. Esta estrategia es muy efectiva para sobrevivir a situaciones de peligro inminente, pero también puede estar en el origen de respuestas de estrés abrumadoras.

A efectos comparativos, observemos el funcionamiento de los sistemas de seguridad para el hogar. Estos sistemas están «atentos» al entorno en todo momento y activan una alarma si detectan un peligro. Pueden «vigilar» las puertas, las ventanas, los detectores de humo e incluso el perímetro exterior de la casa. Nos alertan si perciben un intruso fuera o si se rompe el cristal de una ventana. Pueden llamar a emergencias por sí mismos si detectan fuego. Hacen todo esto mientras estamos dormidos, fuera de casa o concentrados en otras tareas.

Un sistema de seguridad para el hogar es práctico porque nos permite no tener que estar pendientes de la protección. No tenemos que estar revisando continuamente las cerraduras, preocupándonos por si hemos cerrado la ventana o temiendo que entre alguien. Así podemos dedicar nuestro tiempo, energía y recursos a otras tareas sin sacrificar la seguridad; probablemente durmamos más plácidamente y disfrutemos más las vacaciones cuando estamos fuera.

Pues bien, la neurocepción es un proceso neurofisiológico similar a estos sistemas de vigilancia. Mientras el cerebro esté en funcionamiento, dedicará parte de su energía a velar por nuestra seguridad. Está siempre atento a los peligros, y si detecta alguno, nos avisa activando las vías autónomas defensivas. Según la amenaza y lo que crea que será más útil, nos hace entrar enseguida en un estado de movilización simpática o de inmovilización dorsal. Desde la tensión con la que permanecemos en la cama cuando el ruido de un golpe nos ha despertado en mitad de la noche hasta la desconexión emocional que experimentamos cuando acabamos de discutir con nuestra pareja, se trata de respuestas que resultan de la evaluación que ha efectuado la neurocepción de la situación presente.

Este sistema de seguridad personal extraordinario opera fuera de la conciencia lógica. La razón de ello es que en caso contrario tendríamos que dedicar casi todos nuestros pensamientos a la supervivencia. Si tuviéramos que pensar en nuestra seguridad las veinticuatro horas del día, difícilmente podríamos hacer cualquier otra cosa. Nos tendríamos que estar preguntando todo el rato: «¿Hay algún animal rabioso en este espacio que pretenda atacarme? ¿Hay algo en llamas? ¿Está bien mi cuerpo? ¿Estoy sangrando o sufriendo un ataque al corazón? ¿Supone algún peligro esta persona?». Si la neurocepción no estuviese actuando, tendríamos que evaluar conscientemente si el entorno es seguro, si nuestro cuerpo está bien y si las personas con las que interactuamos son de fiar. Y no podríamos dejar de hacer esto en ningún momento, dado que seríamos incapaces de confiar en que el sistema nervioso identificase los peligros y respondiese en consecuencia. Esta labor de vigilancia resultaría agotadora y no podríamos ser nada productivos. Por fortuna, el sistema nervioso hace este trabajo por nosotros en un segundo plano sin que tengamos que dedicar a ello energía mental de manera consciente.

Aquí tienes algunos ejemplos de la acción de la neurocepción:

- Imagina que de repente oyes un ruido fuerte e inesperado detrás de ti. ¿Qué haces instintivamente? Dirigir a él tu atención para determinar si hay una situación de peligro. Tus sentidos pasan a centrarse en ese ruido y tu mente, sin detenerse a pensar, lanza explicaciones y predicciones sobre él. Tu sistema se prepara concibiendo una respuesta de antemano. Escenarios que pasan por tu mente pueden ser que tu gato ha tirado algo de una repisa, que el ruido lo ha hecho tu hijo jugando, que hay alguien en casa, que un árbol ha caído sobre el techo o que el ruido se debe a la acción de un fantasma. Si descubres que todo está bien y no hay una situación de peligro, tu neurocepción se calma, lo cual hace que tus vías autónomas se relajen y vuelva a imponerse el estado ventral. Pero si tu neurocepción detecta algo realmente peligroso, como un intruso o que tu hijo está trepando por una estructura y podría resultar herido, activa la alerta máxima y tu sistema nervioso autónomo se prepara para responder de inmediato. Puedes actuar rápidamente gracias a que la neurocepción va unos pasos por delante de ti. Este es un ejemplo de cómo la neurocepción está pendiente del *entorno externo*.

- Piensa en lo que pasa cuando empiezas a resfriarte. Probablemente adviertas señales antes de estar realmente mal. Puede que sientas la garganta irritada y que tengas los ojos llorosos o la nariz taponada. La neurocepción detecta estos indicios antes de que lo haga tu cerebro consciente y concluye que estás enfermando. Entonces tal vez te tomes la temperatura o te hagas un test de COVID; o quizá tomes vitaminas, bebas más líquidos o tomes algún remedio para evitar ponerte peor. Si la neurocepción no te alertara sobre los síntomas, perderías un tiempo valioso a la hora de ocuparte de la enfermedad. Sea lo que sea lo que decidas hacer, primero la neurocepción tiene que identificar que te sientes mal y hacer que tomes conciencia de ello. Sin esta conciencia no tienes la oportunidad de intervenir. Este es un ejemplo de cómo la neurocepción explora el *cuerpo físico* en busca de amenazas para su salud.

- Todos hemos tenido la experiencia de conocer a alguien que nos da mala espina. Desde el primer momento, tenemos tan claro que esa persona emana vibraciones negativas como que el sol irradia calor. Estamos charlando con alguien a quien no conocemos y algo en nuestro interior nos dice: «No me gusta esta persona. No me siento a gusto. Aléjate». Sin embargo, conscientemente no sabemos por qué nos sentimos así. Esa persona no ha dicho ni hecho nada ofensivo, pero algo dentro de nosotros nos advierte de que su presencia supone un peligro. Este algo es la neurocepción. Puesto que esta opera fuera del ámbito de la conciencia, puede captar señales de peligro que el cerebro consciente no detecta. Por ejemplo, es posible que repare en cierto tono de voz o en la falta de contacto visual, que son percibidos como dudosos o peligrosos por el sistema nervioso. Pero el cerebro consciente y lógico es completamente ajeno a estas señales, o al menos no las detecta tan rápido como la neurocepción. La próxima vez que tengas esta experiencia de recelo, prueba a confiar en esa intuición, es decir, en la neurocepción.

> Normalmente acierta. Este es un ejemplo de cómo la neurocepción analiza a *las personas y los animales* con los que entramos en contacto.

La neurocepción es maravillosa, y está claro que no nos interesa deshacernos de ella. Nos ha permitido seguir vivos hasta este momento. Sin embargo, hay ocasiones en las que este proceso reactivo y automático nos complica la vida. Esto ocurre cuando induce una reacción excesiva o interpreta mal las señales. Hay momentos en que la neurocepción provoca una reacción desproporcionada respecto a lo que exige la situación. A veces puede pasarse de la raya. Y hay ocasiones en que la neurocepción interpreta completamente mal una situación y percibe como seguro algo que es peligroso en realidad. Cuando la neurocepción no puede evaluar con precisión los estímulos y no podemos activar o desactivar las defensas autónomas, la vida puede volverse caótica; nos invade la sensación de no tener el control y nos sentimos desbordados y tremendamente estresados. Por lo tanto, saber más sobre la neurocepción y sobre la manera en que responde a las señales tu sistema puede proporcionarte cierta capacidad de control sobre unas experiencias emocionales que de otro modo no podrías manejar.

Las señales de peligro

El cerebro humano recibe señales estresantes que le advierten de posibles peligros. Algunas de estas señales son obvias, como un perro airado que viene corriendo hacia nosotros o una nube con forma de embudo en el cielo. Otras son sutiles y es fácil pasarlas por alto; pueden ser señales de este tipo cuadros torcidos, alguien que huele mal o una prenda incómoda. Las distintas señales pueden ser indicativas de amenazas para la vida o de factores molestos más o menos significativos.

En la teoría polivagal, estas señales se conocen como *señales de peligro*. Esta teoría explica que las señales de peligro no tienen que ver solo con hechos que suponen una amenaza inminente, sino que también pueden ser estímulos que nuestro sistema no tolera bien o que encuentra estresantes, desagradables o amenazantes. Por lo tanto, cuando leas *señales de peligro*, concepto central en este modelo teórico, no se está haciendo referencia necesariamente a situaciones que suponen un peligro inminente para la vida. Esta denominación se aplica ampliamente y hace referencia a todo estímulo que activa respuestas defensivas en el sistema nervioso autónomo. Por ejemplo, algunas de mis señales de peligro que no tienen que ver con amenazas inmediatas son el desorden, las grandes multitudes y los ambientes ruidosos. Aunque ninguna de estas situaciones representa una amenaza inminente para mi supervivencia, mi neurocepción puede activar una sensación de ansiedad y un deseo de huir cuando las encuentro.

Hay señales de peligro que hacen reaccionar a la inmensa mayoría de los seres humanos. Por ejemplo, la mayor parte de nosotros (no todos) nos sobresaltamos si vemos una aleta de tiburón cerca cuando estamos nadando en el mar, o nos tensamos cuando un coche se mete imprudentemente en nuestro carril delante de nuestro auto. Pero también hay señales de peligro más «personales», que tienen relación con nuestra configuración neurobiológica única y lo que hemos vivido. Por ejemplo, a algunas personas les molestan los ruidos fuertes, mientras que para otras los ambientes ruidosos son calmantes. Algunas personas se sienten abrumadas en medio de las multitudes y en los lugares públicos mientras que otras se sienten seguras rodeadas de mucha gente. Algunas personas encuentran reconfortantes una mirada directa y una sonrisa cálida, mientras que otras las encuentran inquietantes. A veces, las preferencias tienen como base unas experiencias pasadas de peligro o que generaron un trauma. Por ejemplo, el sonido de los fuegos artificiales es una señal de peligro para muchos veteranos de guerra con los que he trabajado. Es muy comprensible. A mi primo, que tiene autismo y nunca ha estado en un campo de batalla, tampoco le gustan los fuegos artificiales. Cuando éramos niños, siempre se quedaba en casa el 4 de julio y tocaba el piano mientras los demás niños corríamos haciendo explotar cohetes. Su neurocepción no tolera los fuegos artificiales por la manera en que está configurado su sistema nervioso, mientras que a mis clientes veteranos no les gustan los fuegos artificiales porque el sonido les recuerda escenarios de guerra. A veces hay una historia personal detrás de las señales de peligro, mientras que en otras ocasiones la responsable es la madre naturaleza. Ambas situaciones son muy respetables.

Descubre tus señales

Para identificar las señales que activan respuestas en tu sistema nervioso autónomo deberás indagar en tu interior y explorar tus reacciones. El ejercicio que sigue te ayudará a tomar mayor conciencia de tu neurocepción, e identificarás aún más señales si te observas con regularidad y compruebas a menudo el estado de tus vías autónomas. Dado que la neurocepción es un proceso pasivo y muchas veces inconsciente, tendrás más éxito al identificar señales si adviertes cómo respondes a personas, lugares, cosas y otros estímulos a lo largo del día. Como la neurocepción está siempre activa y funcionando (¡incluso mientras duermes!), puedes consultarla en cualquier momento para tener una idea de qué es lo que está analizando y de cómo sus apreciaciones influyen en tu experiencia del momento.

- ¿Prefieres los grupos pequeños o los grupos grandes?
- ¿A qué distancia física de los demás te sientes a gusto y cómo cambia esta distancia según la persona o el contexto? Evalúalo en relación con los desconocidos, tu pareja, tus mascotas, tus compañeros de trabajo, tus amigos, tu familia.
- ¿Qué tipo de expresiones faciales y lenguaje corporal asocias a una sensación de seguridad y te hacen sentir

a gusto con alguien? ¿Cuáles asocias a una sensación de inseguridad y hacen que no estés a gusto con esa persona?

- ¿Prefieres una iluminación tenue, la luz natural o los espacios muy iluminados?
- ¿Prefieres el desorden, el caos organizado o los espacios meticulosamente ordenados?
- ¿Hay olores que no puedes soportar? ¿Hay olores que te aportan una sensación de paz?
- ¿Hay texturas que te hacen estremecer? Y, al contrario, ¿hay texturas que encuentras reconfortantes?
- ¿Hay ciertos individuos o rasgos de la personalidad que hacen que tu sistema se ponga en alerta? ¿Qué individuos y rasgos de la personalidad te inspiran seguridad? ¿Hay líderes políticos, símbolos u organizaciones que te transmitan una sensación de peligro? ¿Los hay que te inspiren seguridad?
- ¿Qué canciones o géneros musicales no te gustan o evitas? ¿A qué canciones y música recurres para sentirte mejor?
- ¿Hay ciertos espacios que activan sensaciones de peligro o incomodidad en tu sistema? ¿Qué lugares te inspiran seguridad y una sensación de relajación?

Más allá de las preguntas formuladas, escribe cualquier otra observación sobre tus señales activadoras mientras realizas este ejercicio. Mantén la atención durante el día y explora las señales que tu sistema nervioso interpreta como indicios de peligro o seguridad.

Conecta con la neurocepción

Aprender a detectar señales puede ayudarte a conectar con el proceso inconsciente de la neurocepción. Este ejercicio te enseñará a explorar los tres entornos que la neurocepción está analizando sin cesar. Requerirá diez minutos de tu tiempo, más o menos.

- *Desconecta del ritmo diario y encuentra un lugar tranquilo en el que reflexionar. Tómate unos momentos para centrarte y situarte en el momento presente.*
- *Comienza explorando el entorno que te rodea. Hazlo despacio. Examina el sitio donde estás con curiosidad.*
- *Dirige la atención a todo lo que veas: la iluminación, imágenes, cuadros, colores, objetos, etc. Explora el espacio con interés e identifica todo aquello que te transmita una sensación de peligro o de seguridad.*
- *Toma conciencia de los olores y observa qué significado les asigna tu sistema nervioso.*
- *Toma conciencia de los sonidos que llegan a ti y de la respuesta de tu sistema nervioso a ellos.*
- *Dirige la atención a lo que percibas a través del tacto: la temperatura, la circulación del aire y cualquier textura o sensación.*

Siente curiosidad por todo lo que puedes ver, oler, tocar y oír en el espacio en el que te hallas y observa las respuestas automáticas de tu sistema nervioso. Mientras haces este ejercicio, efectúa cualquier cambio que te parezca favorecedor en el entorno.

Ahora dirige la atención a tu cuerpo físico. Mientras lo exploras mentalmente, puedes cerrar los ojos o encontrar un punto en el que fijar la mirada relajadamente.
Toma conciencia de las sensaciones físicas que experimentas en el cuerpo.

- *¿Dónde sientes tensión, relajación, laxitud o rigidez?*
- *¿Cuánta hambre tienes ahora?*
- *¿Qué sensaciones de incomodidad o bienestar notas en el cuerpo?*
- *¿Cómo está tu energía hoy?*
- *¿Sientes calor o frío en alguna parte del cuerpo?*
- *¿Sientes algún grado de cansancio?*

A medida que vayas tomando conciencia de estas sensaciones corporales, advierte el significado que les asignas automáticamente. Observa cuáles interpreta tu sistema como señales de que todo está bien, y cuáles interpreta como señales de peligro o alarma. Mientras realizas esta exploración de tu ámbito interno, efectúa cualquier cambio que te parezca beneficioso.
Finalmente, si hay seres humanos o animales en el lugar, observa cómo reacciona ante ellos tu neurocepción. Sáltate este paso si no hay personas o animales contigo, pero practícalo la próxima vez que estés con alguno de ellos.

- *¿Cómo se siente tu sistema nervioso en presencia de estas personas o animales?*

- *Ten en cuenta el impacto que tienen en tu sistema nervioso el contacto visual, la proximidad física, los tonos de voz, las expresiones faciales y los gestos.*
- *¿Cuáles son las señales que está evaluando tu sistema?*
- *¿Qué señales interpreta como indicios de que todo está bien y cuáles interpreta como indicios de peligro o de que tienes que ir con cuidado?*

Puedes hacer este ejercicio durante el día. Cuanto más lo practiques, con mayor rapidez podrás advertir cuándo tu sistema está interpretando que el entorno es peligroso o seguro. Este es el arte de convertir un proceso pasivo en un proceso activo y aprender a aplicar la teoría polivagal a la propia vida. Cuanto mejor se te dé identificar las señales de peligro, mayor será tu capacidad para responder a ellas y gestionar tus reacciones emocionales. Además, cuanto mejor puedas identificar las señales de seguridad, menos te costará calmarte cuando seas presa de las emociones.

Adonde va la atención va la energía

A veces, la neurocepción puede dar lugar a una respuesta exagerada por parte del sistema nervioso autónomo. Es cierto que las fechas límite en el trabajo pueden ser estresantes, pero ¿de veras justifican un ataque de pánico? Probablemente no. Sin embargo, aunque nuestra mente lo sepa, el sistema nervioso autónomo podría no haberse enterado. Cuando la neurocepción se ve inundada por señales estresantes, nuestras vías autónomas pueden sumirnos en el caos emocional. Pero podemos salir de ahí. Cuando el sistema nervioso autónomo activa las vías defensivas debido a factores estresantes, buscar intencionadamente señales que transmitan calma, seguridad o paz puede ayudarnos a recuperar el control en alguna medida.

No hace mucho tiempo, tuve que viajar al extranjero para participar como ponente en un congreso. Ese viaje fue una experiencia muy estresante. Se impidió la circulación por la autopista a causa de un accidente múltiple y después se desató una tormenta, lo cual hizo que perdiésemos un vuelo. Además, varios de los vuelos de conexión que tomamos sufrieron retrasos. Fue un desastre. Para cuando llegamos al último aeropuerto para la última conexión, llevábamos dos días viajando. Estábamos con *jet lag* y agotados en una de las terminales más concurridas del mundo. Era una situación en la que las señales de peligro abundaban y teníamos motivos por los que derrumbarnos emocionalmente.

Mientras esperábamos el último vuelo, me di cuenta de que me sentía muy abrumada y ansiosa. Mi grado de estrés estaba por las nubes. El corazón me latía rápido, tenía los hombros tensos y mi respiración era superficial. Tenía la mente dispersa y la mandíbula rígida, y sentía hambre y nada de hambre al mismo tiempo. Estos son mis indicadores claros de que mi sistema nervioso autónomo ha entrado en un estado de activación simpática.

Noté que no estaba muy conectada con mi vía ventral, y mi sistema nervioso simpático me estaba haciendo sentir más estresada de lo necesario. Mi neurocepción estaba respondiendo a una serie de señales que consideraba estresantes y amenazadoras, pero esa respuesta era totalmente excesiva. Yo no necesitaba todas esas reacciones de estrés en ese momento. No me ayudaban. De hecho, lo empeoraban todo. Aunque ese viaje era exasperante, mi respuesta autónoma exagerada no mejoraba la situación, no me ayudaba a llegar más rápido a mi destino final ni me permitía disfrutar la experiencia. No estaba en peligro, nada amenazaba mi vida y no estaba a punto de ocurrir ningún desastre. Por lo tanto, aunque mi sistema nervioso intentaba ayudar ofreciendo la energía de lucha o huida, la respuesta era totalmente desproporcionada en relación con la situación. Tenía que calmar mi sistema simpático si quería sentirme mejor.

Aplicando el conocimiento de la teoría polivagal y usando la neurocepción como puerta de acceso a mi experiencia interna, me dispuse a investigar, curiosa. Empecé a explorar activamente las señales a las que estaba reaccionando mi sistema, comenzando por el entorno externo. Mientras prestaba atención a lo que me rodeaba con todos los sentidos, me di cuenta de que una avalancha de estímulos estaba haciendo que mi vía simpática permaneciese activada en modo defensivo. Las luces brillantes, grandes cantidades de personas, demasiados letreros para leer, el hecho de no saber hacia dónde ir y el ruido constante alteraban mucho mi sistema. Al llevar la atención al cuerpo, advertí señales de peligro derivadas del desfase horario, la incomodidad física después de estar demasiado tiempo sentada en un avión y la necesidad de ducharme y cambiarme de ropa. A continuación exploré las señales que estaba detectando mi sistema procedentes de otras personas y me di cuenta de que mi sistema estaba hiperconcentrado en las señales que manifestaba mi marido. Él también se sentía exhausto y se mostraba irritable, lo cual es comprensible. Establecía menos contacto visual conmigo, tenía la mandíbula tensa y estaba de mal humor. Sus señales de sobrecarga incidían en mi sistema nervioso ya cargado, pues mi neurocepción las captaba. ¡Me estaba estresando más porque él estaba estresado!

«Adonde va la atención va la energía», pensé. Mi neurocepción tenía la atención fija en todas las señales que consideraba peligrosas, y mi sistema nervioso autónomo le estaba siguiendo el juego. Así que pasé a buscar señales de seguridad. Sabía que mi respuesta simpática disminuiría si podía volverme más consciente de las señales indicativas de seguridad, bienestar y calma. Me puse mis auriculares con cancelación de ruido para mitigar lo que para mí eran sonidos sobreestimulantes. No los usé para escuchar música, porque añadir ruido al ruido solo incrementaría mi grado de estrés. Por lo tanto, usé los auriculares para amortiguar el caos sonoro que inundaba mis oídos. «Así está mejor», pensé.

Luego tomé unos sorbos de agua, despacio, percibiendo la sensación de frío en la garganta. Fue una experiencia positiva y tuve la idea de recurrir a un caramelo de menta. Me puse uno en la boca y me concentré en su sabor y las sensaciones que me producía. Para seguir aumentando las señales de seguridad en relación con mi cuerpo, me levanté y me estiré, con lo que solté algo de tensión. Caminé hasta un rincón para hacer algunas posturas sencillas de yoga: una flexión hacia delante, un estiramiento lateral de pie y un estiramiento de los músculos flexores de la cadera me ayudaron a relajar el cuerpo, lo que hizo que llegaran señales de seguridad a mi neurocepción. Llevé la atención a la respiración e hice varias inhalaciones y exhalaciones largas y lentas, lo cual también mandó señales de seguridad a mi sistema. Finalmente volví a sentirme en mi cuerpo, más tranquila.

A continuación exploré el entorno buscando una señal visual que me transmitiese seguridad. Vi el cielo azul al otro lado de la ventana y lo observé durante un minuto más o menos. Después me volví hacia mi marido, le di un abrazo y le dije que le quería. Sonrió y me devolvió el abrazo. Su sonrisa, su abrazo y sus palabras fueron señales de seguridad para mí. Fue así como en unos cinco minutos mi neurocepción había pasado de centrarse en captar señales de peligro exclusivamente a captar señales de seguridad prioritariamente. Pude acercarme a un estado de regulación emocional. ¿Significa eso que pasé a encontrarme en un estado zen, como si acabara de pasar un día en un *spa*? No. Seguía encontrándome en un aeropuerto muy concurrido con *jet lag*, y aún debía tomar un vuelo más. Pero ¿se redujo significativamente mi sensación de agobio, hasta un grado tolerable? Sí, sin lugar a dudas.

Cuando notamos que el sistema nervioso se deja llevar por una respuesta defensiva innecesaria, podemos usar el conocimiento relativo al funcionamiento de nuestro sistema para darle la vuelta a la situación. Si el sistema solo presta atención a las señales estresantes o que indican peligro, las vías autónomas responderán en consecuencia. Pero si pasamos a centrarnos en las señales que nos transmiten seguridad o alivio, podemos cambiar la energía del cuerpo. Adonde va la atención de la neurocepción va la energía autónoma. Buscando intencionadamente señales de seguridad en el entorno, dentro de nuestro cuerpo y en quienes nos rodean podemos retirar la atención y la conciencia del peligro y dirigirlas a la seguridad. Así somos capaces de participar activamente en la experiencia en lugar de ser meros observadores pasivos. Aunque la neurocepción tiene lugar automáticamente, podemos usar la mente consciente para influir en nuestra biología haciendo que nuestro sistema pase a concentrarse en otro tipo de señales. Podemos reconducir nuestro sistema nervioso autónomo y mitigar las respuestas de estrés redirigiendo la atención.

Identificar más señales de seguridad

Para cambiar el estado de tu sistema nervioso autónomo puedes concentrarte en señales que a tu sistema le transmitan una sensación de seguridad, bienestar o paz. Así es como puedes hacer que tu neurocepción retire la atención de las señales que tu sistema encuentra estresantes o indicativas de peligro, para alivio de tu sistema nervioso autónomo.

Explora cada uno de los tres ámbitos que analiza la neurocepción: el entorno externo, tu cuerpo y las personas o animales que hay a tu alrededor. Busca intencionadamente estímulos o señales que te resulten agradables y calmantes, aquellos que según tu sistema denoten seguridad.

Implica los cinco sentidos en el trabajo con las señales ambientales. Podrías reducir tu exposición a una señal de peligro; por ejemplo, podrías ponerte auriculares para amortiguar el ruido ambiental o fijar la mirada en una imagen que te guste. Puedes elegir entre dejar de exponerte a una señal de peligro o centrarte intencionadamente en una señal de seguridad.

A continuación, explora tu cuerpo en busca de señales de peligro y seguridad, y da más fuerza a estas últimas. Puedes hacerlo a través del movimiento, la respiración, la alimentación, la hidratación o ejercicios de estiramiento, por mencionar algunas posibilidades.

Finalmente, explora el espacio que hay entre tú y otros seres, ya se trate de personas o animales, e intenta potenciar las señales de seguridad. Podrías irte a otro punto de la sala si en el asiento de al lado hay alguien que emite muchas señales desagradables, abrazar un momento a tu gato o enviar un mensaje de texto a un ser querido.

A continuación incluyo una lista con algunos de los recursos a los que acudo cuando intento dar más fuerza a las señales de seguridad.

En relación con el entorno:

- Inhalo aceite esencial de lavanda.
- Dejo que mi mirada descanse relajadamente en árboles, pájaros o el cielo a través de la ventana.
- Me concentro en la temperatura del lugar.
- Fijo la atención en una salida o puerta.
- Pongo música tranquila o uso auriculares con cancelación de ruido para mitigar el ruido ambiental.

En relación con mi cuerpo:

- Hago respiraciones lentas y profundas.
- Me levanto y hago estiramientos.
- Salgo a caminar.
- Exploro mentalmente el cuerpo en busca de una zona en la que experimente una sensación agradable o neutra y pongo la atención en ella.
- Me doy un baño o una ducha.

En relación con personas y animales:

- Juego con mis perros.
- Me acurruco con mis gatos.

- Sonrío a una persona desconocida.
- Abrazo a mi marido.
- Llamo a una amiga.
- Conecto con mi voz interior sabia y compasiva.

La técnica RESET

Cuando conocemos el poder de la neurocepción podemos usar estrategias muy útiles para trabajar con el sistema nervioso. El cerebro consciente es un órgano sumamente inteligente del que podemos servirnos para influir en nuestras respuestas automáticas y hacer que la neurocepción pase a centrarse en otro tipo de señales. Recuerda que la neurocepción es un proceso inconsciente, pasivo, reactivo y constante de exploración del entorno exterior e interior en busca de peligros y amenazas y que provoca reacciones sin el concurso de la lógica o la racionalidad. Pero eso no significa que no podamos incidir en ella. Todo lo contrario; de hecho, podemos convertir este proceso inconsciente en una estrategia de afrontamiento extraordinaria. Una forma adicional de trabajar con la neurocepción y usarla para mitigar el agobio es una estrategia que llamo RESET. Es una técnica que utilizo para cambiar mi estado emocional cuando me siento abrumada en la que aprovecho el poder de la neurocepción.

Las siglas de RESET corresponden a *recognize* 'reconocer', *evaluate* 'evaluar', *scan* 'explorar', *engage* 'conectar' y *time* 'tiempo'. Con este conjunto de pasos obtenemos un grado de control sobre un proceso autónomo inconsciente usando la neurocepción. Ten en cuenta que cuanto mayor sea la lentitud con la que procedas, más favorecerás el apaciguamiento del sistema nervioso. Si te apresuras demasiado, la técnica no será efectiva.

Reconocer: este paso consiste en enunciar la experiencia; por ejemplo, podrías decir «la energía de lucha o huida me está invadiendo ahora mismo» o «mi vía dorsal me está paralizando». Reconoce la experiencia diciendo cuál es. Si no reconoces tu experiencia presente, no hay mucho que puedas hacer para intervenir. La conciencia es clave. Ahora que conoces tu perfil autónomo, identifica cuándo te estás encaminando hacia la movilización simpática o la inmovilización dorsal a causa de un factor estresante o la detección de un posible peligro. Reconocer que una respuesta defensiva autónoma te está arrastrando es el primer paso para poder hacer algo al respecto.

Evaluar: evalúa tu respuesta. ¿Es pertinente? ¿Esa pila de ropa realmente representa una amenaza para tu vida? ¿La discusión con tu pareja requiere esta respuesta? ¿Esta respuesta es necesaria ahora? ¿Es útil ahora? Si concluyes que sí, reconoce que la respuesta está cumpliendo un propósito. Si concluyes que no, prosigue con los pasos que siguen para recuperar el control en alguna medida.

Explorar: explora el entorno, incluido tu propio cuerpo, en busca de señales de peligro, e identifica aquellas a las que está respondiendo tu sistema nervioso. ¿Cuáles son las señales ambientales, corporales e interpersonales a las que está reaccionando tu sistema? Recurre al ejercicio de conexión con la neurocepción de este capítulo para identificar las señales de peligro a las que estás reaccionando. Advierte todos los estímulos que está analizando la neurocepción y a los que está respondiendo.

Conectar: conecta con las señales que te transmitan una sensación de seguridad. Busca señales externas, corporales e interpersonales que te permitan apartar la atención de la percepción del peligro y dirigirla a la percepción de la seguridad. Participa activamente en la experiencia y ayuda a tu sistema nervioso a redirigir la atención. Recuerda que adonde va la atención va la energía. Encuentra señales que te indiquen que estás a salvo, que te resulten agradables y que te transmitan una sensación de calma, y permítete conectar con ellas.

Darte tiempo: ahora tienes que darle la vuelta a la situación. Las respuestas defensivas de supervivencia se activan en una fracción de segundo, pero hace falta tiempo para que se mitiguen y se disipen. No terminarás con las respuestas de estrés en un abrir y cerrar de ojos. ¿Durante cuánto tiempo debes mantener la concentración en las señales de seguridad?; esto depende en gran medida de la magnitud del factor estresante y las respuestas de estrés, y de lo sensible que esté tu sistema. En cualquier caso, cuanto más practiques la técnica RESET, más fácil te resultará calmar las tormentas internas.

Resumen y aspectos clave

- El sistema nervioso autónomo del cuerpo humano es un protector poderoso que prioriza la supervivencia por encima de todo. Detecta el peligro, lo predice y responde a él sin la intervención de la conciencia, a través de un proceso llamado *neurocepción*.
- La neurocepción explora tres ámbitos en busca de señales de seguridad o peligro: el entorno exterior, el cuerpo físico y las personas o animales con los que estamos en contacto.
- La neurocepción es como un sistema de vigilancia personal; siempre está activo buscando señales de peligro sin que las partes conscientes del cerebro intervengan. Activa defensas del sistema nervioso autónomo cuando detecta una amenaza o algo desagradable o estresante.
- Las señales de peligro pueden ser amenazas inminentes, pero también pueden ser estímulos que el sistema nervioso considera desagradables, estresantes o amenazadores.

- Las señales de seguridad son estímulos que el sistema encuentra calmantes, reconfortantes y relajantes.
- Las señales de peligro y seguridad varían de un individuo a otro. Tomar conciencia de cuáles son las que te afectan a ti y aprender cómo tu sistema nervioso evalúa la información que recibe puede ayudarte a convertir el proceso pasivo de la neurocepción en un proceso activo.
- Adonde va la atención va la energía. Si no se controla, la neurocepción puede centrarse excesivamente en señales inquietantes o molestas que tal vez no indiquen un peligro real. Esto puede conducir al agobio emocional y a la sensación de que es el sistema nervioso el que está al mando.
- Puedes convertir el proceso pasivo de la neurocepción en un proceso activo usando herramientas basadas en la teoría polivagal: puedes aprender a identificar tus señales de peligro y seguridad, hacerte más consciente de las señales de seguridad y practicar la técnica RESET.

Capítulo 5

El tono vagal

¿Sabías que puedes ejercitar y tonificar el nervio vago? Fortalecer esta parte del sistema nervioso puede darte un mayor control sobre tus defensas automáticas ante los estímulos estresantes o presuntamente peligrosos. Así como puedes moldear y tonificar los músculos con el ejercicio, puedes hacer lo mismo con el nervio vago (no literalmente; estoy hablando en términos metafóricos). Usar técnicas de tonificación del nervio vago puede mejorar tu estado de forma neurológico y aumentar tu capacidad de gestión del estrés.

En este capítulo exploraremos el concepto de *tono vagal* y su influencia en el bienestar psicológico y físico. Cuando sepas cómo el nervio vago interactúa con las vías autónomas del cuerpo podrás hacerte una buena idea de cuáles son los beneficios de la salud vagal. Además, examinaremos la relación existente entre el nervio vago y el corazón, y veremos cómo estos dos sistemas interactúan con las respuestas de estrés, el bienestar emocional y la resiliencia.

Piensa en esto: si tuvieses el objetivo de levantar cuarenta y cinco kilos, probablemente entrenarías y te ejercitarías para cumplirlo. Si ya estás en buena forma física y haces ejercicio regularmente, podrías estar cerca de lograr este objetivo. Si haces poco ejercicio y apenas te ocupas de tu condición física, probablemente tendrás un camino más largo por delante para alcanzar esta meta. Pues bien, así como tu forma física está directamente relacionada con tu capacidad para levantar cuarenta y cinco kilos, tu estado de forma neurofisiológico está directamente relacionado con tu capacidad de gestión del estrés. Mediante ejercicios específicos para el nervio vago puedes fortalecer el sistema nervioso y volverte más resiliente.

En este capítulo descubrirás el poder de la *flexibilidad vagal* y cómo está influida por el *freno vagal*. Podrás evaluar en qué medida está tonificado tu nervio vago y llevarlo al gimnasio para ponerlo en forma (en sentido figurado). Pero antes que nada debemos examinar la relación vital que mantienen el nervio vago y el corazón. Vamos allá.

La conexión entre el corazón y el nervio vago

El nervio vago y el corazón están estrechamente conectados. El funcionamiento de uno influye en el funcionamiento del otro. Esto se debe en parte a que el nervio vago hace las veces de marcapasos interno. Es uno de los mecanismos que regulan los latidos del corazón. Debido a esta conexión, la frecuencia cardíaca influye en las vías autónomas. A medida que la frecuencia cardíaca aumenta y disminuye, también lo hace la energía en las vías autónomas. Estos cambios en la frecuencia cardíaca y en las vías autónomas afectan a la respiración, la digestión, el flujo sanguíneo, los pensamientos, las emociones, las sensaciones e incluso los comportamientos. Por lo tanto, conocer la relación existente entre el nervio vago y el corazón es sumamente importante para entender el estrés y el bienestar emocional. Aunque probablemente no pienses mucho en tu corazón cuando piensas en el estrés, este órgano tiene un gran papel en la salud y la felicidad.

¿Sabías que la frecuencia cardíaca ideal no se mantiene estable, sino que aumenta y disminuye a lo largo del día? Así es. El corazón no debería latir como un metrónomo. A veces necesitamos que palpite rápido; otras veces, que palpite despacio. Cuando nos despertamos, salimos a caminar, tenemos relaciones íntimas o impartimos una conferencia, lo ideal es que el nervio vago acelere un poco la frecuencia cardíaca con el fin de que dispongamos de la energía necesaria. Cuando dormimos, nos acurrucamos con una mascota o un ser querido, nos relajamos viendo una película o meditamos, una frecuencia cardíaca más baja nos permite disfrutar plenamente estas actividades. Una frecuencia cardíaca alta moviliza y activa la vía simpática, lo que nos permite experimentar estados de motivación y energía elevada. Una frecuencia cardíaca regular varía en respuesta a cómo influye el sistema nervioso en el marcapasos del corazón. La vía ventral contribuye a que se produzcan variaciones rítmicas en la frecuencia cardíaca que nos conducen a estados de calma y paz. Una frecuencia cardíaca muy baja puede activar las propiedades de inmovilización de la vía dorsal, lo que puede hacer que nos sintamos lentos y pesados. Es importante señalar que incluso las personas que gozan de un estado cardiovascular excelente, como los deportistas profesionales, pueden tener una frecuencia baja en reposo.

La *variabilidad de la frecuencia cardíaca* hace referencia a la fluctuación de los latidos del corazón a lo largo del día. Una variabilidad *baja* significa que el corazón late como un metrónomo, probablemente demasiado despacio o demasiado deprisa. Un ritmo cardíaco que se mantenga siempre excesivamente lento o rápido puede generar una gran incomodidad y ser muy problemático. Por el contrario, una variabilidad *alta* significa que la velocidad de los latidos cambia a lo largo del día en respuesta a un sistema nervioso dinámico. En general, una mayor variabilidad de la frecuencia cardíaca está asociada a un mejor funcionamiento vagal. Por lo tanto, una variabilidad cardíaca alta está relacionada con una mayor capacidad para regular y gestionar las emociones, junto con una menor presencia de la preocupación, el estrés y las cavilaciones (Mather y Thayer, 2018).

Puesto que necesitamos que nuestra frecuencia cardíaca cambie en respuesta a las exigencias de la vida y las actividades que realizamos, la frecuencia cardíaca ideal cambia a lo largo del día según los estímulos ambientales y lo que estemos haciendo (por ejemplo, comer un refrigerio en el sofá o prepararnos para correr un maratón). Si no es así, quedamos atrapados en estados autónomos de sobrecarga simpática o inmovilización dorsal. Dormir, concentrarse y sentirse en paz es difícil o imposible si el corazón late siempre demasiado deprisa. De igual manera, levantarse de la cama y encontrar la motivación para realizar todas las actividades del día es muy complicado si el corazón late siempre demasiado despacio. Un corazón saludable no mantiene un ritmo constante, sino que manifiesta un ritmo variable. La variabilidad de la frecuencia cardíaca es esto justamente: las fluctuaciones que tienen lugar en el ritmo cardíaco en función de los estímulos ambientales y lo que requiere la vida.

Piensa en la velocidad de tu ritmo cardíaco cuando experimentas ansiedad. En estados de ansiedad y pánico, el corazón late rápido. Este corazón acelerado le indica a tu vía simpática que se movilice, y contribuye así a los síntomas de ansiedad y pánico, el pensamiento acelerado y la inquietud. Las técnicas para gestionar la ansiedad, como las técnicas somáticas y los ejercicios de respiración que veremos en el capítulo seis, reducen la frecuencia cardíaca y activan la función protectora del nervio vago. Se potencia así un estado vagal que apacigua la vía simpática. De igual manera, cuando es la vía dorsal la que impone su ley, tu ritmo cardíaco probablemente sea lento, y contribuye a que experimentes falta de motivación, cansancio, agotamiento y somnolencia. Las técnicas para salir de la inmovilización dorsal (que también se exponen en el capítulo seis) pueden incrementar la frecuencia cardíaca y hacer que dispongas de la energía que necesitas para afrontar el día.

Hay muchos factores que influyen en la frecuencia cardíaca. No todos los problemas cardíacos se deben al nervio vago o a la falta de habilidades para hacer frente a los estados del sistema nervioso. Hay una multitud de factores biológicos, ambientales, psicológicos, socioeconómicos y de otro tipo que tienen un impacto en el corazón. Pero en lo relativo al estrés, el nervio vago está en primer plano; tiene un papel fundamental en la forma en que respondemos a las vicisitudes de la vida.

Haz el seguimiento de tu frecuencia cardíaca

¿Alguna vez has efectuado un seguimiento de tu frecuencia cardíaca a lo largo del día? Si tienes un reloj inteligente o una pulsera de actividad, probablemente sí. Si no lo has hecho, quizá sea el momento de que consigas un dispositivo de este tipo para entender mejor cómo interactúan tu nervio vago y tu corazón. Según Harvard Health, una frecuencia cardíaca en reposo saludable y normal en los adultos es de sesenta a cien latidos por minuto (Olshansky *et al.*, 2023). Esta frecuencia debería cambiar según lo que estemos haciendo y los estímulos a los que estemos

expuestos. Puedes medir tu frecuencia cardíaca con un dispositivo o de la manera tradicional, que consiste en contar los latidos durante quince segundos y multiplicar ese número por cuatro.
A lo largo de los próximos siete días, mide tu frecuencia cardíaca a diario, dos o tres veces por lo menos. Esta es una forma sencilla de despertar tu curiosidad sobre la manera en que cambia a lo largo del día y sobre la manera en que se correlaciona con tu estado de ánimo, energía, salud y bienestar. ¿Cambia en el curso de ciertas actividades? ¿Es diferente según tu estado de ánimo? ¿Varía en distintos momentos del día? Puedes desarrollar una nueva relación con tu corazón al conectar con estos patrones y variaciones.
Aquí tienes algunas cuestiones que debes considerar cuando midas tu frecuencia cardíaca:

1. *¿Qué estoy haciendo? (Por ejemplo, te acabas de despertar, estás haciendo ejercicio, estás leyendo un libro, estás caminando, etc.).*
2. *¿Cómo me siento emocionalmente?*
3. *¿Cómo me siento físicamente?*
4. *¿Cuál es mi nivel de energía?*

Probablemente descubrirás patrones y correlaciones entre tu frecuencia cardíaca y tus actividades, estado de ánimo, sensaciones físicas y niveles de energía. Cuanto más midas tu frecuencia cardíaca en distintos contextos, de más datos interesantes dispondrás.

Si de resultas de hacer esta actividad te surge alguna preocupación sobre tu corazón, consulta a tu médico. Las enfermedades cardíacas son una de las principales causas de muerte, y la atención preventiva es la mejor manera de reducir los riesgos.

La flexibilidad vagal y el freno vagal

La *flexibilidad vagal* es la capacidad del nervio vago para «modular las respuestas vagales para que se ajusten a un abanico de desafíos dinámico» (Spangler y McGinley, 2020). En términos más simples, la flexibilidad vagal hace referencia a la capacidad que tiene el nervio vago de cambiar la frecuencia cardíaca para que se ajuste a las necesidades de la vida. Cuanto más flexible sea el nervio vago, más probable será que la variabilidad de la frecuencia cardíaca sea alta.

Para vivir la mejor vida posible en el mejor estado de salud posible, necesitamos que el corazón siga nuestro ritmo. Y para que el corazón nos haga la vida más fácil en lugar de hacérnosla más difícil, necesitamos que el nervio vago sea flexible. Es así de simple. Sin esta flexibilidad, podemos quedar atrapados en una misma dinámica, como la de sentirnos abrumados, estresados, ansiosos, deprimidos y bloqueados sin ver una salida. La flexibilidad vagal nos permite responder a la vida con flexibilidad emocional. Podemos doblarnos, flexionarnos y maniobrar frente a los contratiempos de la vida en lugar de permanecer sujetos a las respuestas de estrés del sistema nervioso autónomo.

Cuando nos encontramos frente a un factor estresante o una situación que amenaza nuestra integridad física, los cambios en la frecuencia cardíaca nos ayudan a lidiar con estos momentos e incluso nos pueden salvar la vida. Pero es posible que nos quedemos atrapados en esos estados incluso cuando el factor estresante ya no está ahí. O tal vez nuestro ritmo cardíaco no sea el apropiado ante cierto factor molesto o estresante y se acelere o ralentice demasiado, dando lugar a una respuesta más problemática que útil. Esta incapacidad para salir de las vías autónomas activadas, es decir, para abandonar las reacciones extremas o no caer en ellas, indica que el nervio vago necesita un poco de cuidado y entrenamiento. Aunque los cambios en el nivel de energía pueden ser útiles e incluso necesarios para que podamos conservar la vida, no lo son si superan un umbral de tolerancia o si quedamos atrapados en los estados extremos cuando no hace falta.

Stephen Porges acuñó la denominación *freno vagal* para hacer referencia al mecanismo que le permite al nervio vago aumentar y reducir la frecuencia cardíaca (Porges, 2011). Cuando el freno vagal se activa, la frecuencia cardíaca disminuye, y cuando se desactiva, la frecuencia cardíaca aumenta. El freno vagal ayuda a regular la velocidad del corazón de manera similar a como el freno de un automóvil ayuda a controlar la velocidad del vehículo. Cuando nuestro freno vagal goza de flexibilidad, podemos regular la frecuencia cardíaca en respuesta a las circunstancias, las necesidades, los sucesos y los factores estresantes. Es muy relevante contar con un freno vagal flexible; es un recurso muy valioso para que podamos disfrutar de más salud, bienestar y felicidad.

La flexibilidad vagal está asociada a varios parámetros de salud importantes (Spangler y McGinley, 2020). Participa en el control de la inhibición cognitiva, que es la capacidad de usar funciones ejecutivas, como la lógica y el razonamiento, para evitar reacciones impulsivas. Por ejemplo, cuando un coche se te mete delante en la autopista y te obliga a frenar, el control de la inhibición cognitiva te permite reprimir el impulso de gritar, maldecir o hacer un gesto obsceno con la mano.

La flexibilidad vagal también se ha relacionado con una menor distracción debida a las emociones. Esto significa que las emociones desagradables no nos obsesionan ni ocupan todo nuestro espacio mental. Por ejemplo, imagina que estás manteniendo una conversación telefónica difícil con un familiar que ha sacado a la luz experiencias del pasado y ha despertado sentimientos delicados. En lugar de que estas emociones te condicionen durante el resto del día, la flexibilidad vagal puede ayudarte a reequilibrarte, volver a centrarte en lo que tienes que hacer y seguir adelante.

Si no contamos con flexibilidad vagal, es más probable que el estrés secuestre nuestro sistema nervioso autónomo. Tal vez sintamos que las emociones nos tienen como rehenes. Y cuando experimentamos que nuestras emociones controlan todo, tendemos a sentir que la vida nos pasa por encima. Quizá tengamos la sensación de estar huyendo de peligros constantemente o de estar completamente paralizados sin posibilidad de tomar decisiones o movernos. Y seamos honestos: cuando las emociones llevan las riendas, la vida parece más un viaje en una montaña rusa descontrolada que un viaje apacible por una carretera en buen estado.

La flexibilidad vagal no evita que experimentemos el gran poder de las emociones fuertes, pero sí nos posibilita regresar a un estado de equilibrio más rápido y con menos sufrimiento. No podemos cambiar el hecho de que la vida será estresante y difícil, pero sí podemos hacer mucho para equipar a nuestro sistema nervioso con herramientas para afrontar los momentos duros. Al desarrollar la flexibilidad del freno vagal podemos mejorar nuestra capacidad para influir en la frecuencia cardíaca, aumentar y reducir la energía de las vías autónomas y volvernos más resilientes. Podemos lograr estos efectos realizando ejercicios que mejoren el tono vagal.

Visualiza tu freno vagal

Seguidamente vas a usar el poder de la imaginación para establecer una conexión con el freno vagal. Al pensar en la capacidad que tiene el freno vagal de aumentar y disminuir la energía, visualiza una imagen coherente con esta idea. Yo visualizo mi freno vagal como una presa que controla el caudal de energía. Cuando mi freno vagal está activado, la presa se cierra, lo que significa que fluye menos energía por mi sistema nervioso, por lo que se apacigua y paso a estar más tranquila. En cambio, cuando mi freno vagal se desactiva la presa se abre, comienzan a fluir la energía y la motivación, y me siento activa. Cuando la presa está completamente abierta, mi sistema nervioso simpático está totalmente movilizado y siento la mente y el cuerpo llenos de energía. Cuando la presa está completamente cerrada, experimento la inmovilización dorsal y una gran falta de energía en la mente y el cuerpo.

¿Qué representación visual te gusta evocar al pensar en el freno vagal y su impacto en tus vías autónomas? Puede ser cualquier cosa que encuentres representativa de ello. Aquí tienes algunos ejemplos: las perillas de la cocina, los botones de volumen de un control remoto, el viento en las velas de un velero, o un regulador de la intensidad de la luz. Determina cuál es la imagen que encuentras más evocadora. A continuación, reflexiona sobre lo siguiente:

1. *¿Cuál es el estado actual de mi freno vagal? ¿En qué «posición» o nivel está? (Usa las palabras más apropiadas según la imagen que has elegido).*
2. *¿Tengo demasiada energía, demasiado poca o la cantidad justa?*
3. *¿Cómo lo sé? ¿Qué información estoy usando para averiguar el estado de mi freno vagal y mi nivel de energía? ¿Qué noto en las vías del sistema nervioso autónomo?*

Esta práctica te ayudará a ser más consciente de tu freno vagal y tus vías autónomas. Y te proporcionará una información valiosa que te permitirá interactuar con un proceso que normalmente es automático de una manera que favorecerá tu calidad de vida. Evoca la imagen de tu freno vagal varias veces al día, sobre todo cuando sientas emociones o sensaciones desagradables. La reflexión habitual te permitirá establecer una nueva relación con estos conceptos. Entender tu freno vagal y tus niveles de energía puede llevarte a acceder a nuevas posibilidades de autorregulación y crecimiento personal.

La ejercitación del nervio vago

Entonces, ¿cómo se logra tener un nervio vago flexible? ¿Tienes realmente la posibilidad de mejorar el funcionamiento de tu sistema nervioso y, así, reducir tu grado de estrés y de agobio emocional? Sí, sin lugar a dudas. Puedes lograrlo realizando los denominados *ejercicios vagales*, los cuales tienen la virtud de mejorar el tono del nervio vago. Los ejercicios vagales son para el nervio vago como las dominadas (*pull-ups*) y las flexiones; ayudan a tonificarlo desde dentro hacia fuera.

No mejorarás el tono vagal permaneciendo a gusto en el sofá sin hacer nada. Tendrás que «entrenar» o ejercitar el sistema nervioso. Para fortalecer la función del nervio vago como se fortalece el abdomen para obtener unos abdominales marcados, tienes que practicar ejercicios que activen y desactiven el freno vagal. Cuanto más ejercites el freno, más flexible y regulado tendrás el nervio vago. En el capítulo seis encontrarás varios ejercicios vagales, con instrucciones detalladas. Pero por ahora exploremos este concepto más a fondo y evaluemos en qué estado se encuentra tu tono vagal actualmente.

Los ejercicios vagales son técnicas con las que influir intencionadamente en la frecuencia cardíaca. Conviene señalar que no todo lo que influye en la frecuencia cardíaca es un ejercicio vagal. Por ejemplo, tomar tres tazas de café expreso para superar la caída de energía de la tarde influye en la frecuencia cardíaca, pero no es un ejercicio vagal; es una forma de usar una sustancia para cambiar el funcionamiento del estado neurofisiológico. Sin embargo, estrategias como el yoga, el ejercicio físico y el mindfulness son formas naturales de ejercitar y tonificar el nervio vago.

He estado usando la analogía de la ejercitación física en este capítulo, y de hecho el ejercicio es una gran manera de fortalecer la respuesta vagal (Stanley *et al.*, 2013). Hacer ejercicios cardiovasculares o levantar pesas aumenta la frecuencia cardíaca de manera natural. En el levantamiento de pesas, hacemos cierto número de repeticiones y luego descansamos entre treinta y sesenta segundos. Mientras efectuamos el levantamiento, el ritmo cardíaco es más rápido, y cuando descansamos, es más lento. Lo mismo sucede con los ejercicios cardiovasculares. Cuando caminamos deprisa, la frecuencia cardíaca sube, y cuando nos detenemos a descansar, baja. Ya sea que nuestra resistencia nos permita levantar pesas de dos kilos durante cinco minutos o correr muchos kilómetros durante cinco horas, el nervio vago se beneficia del movimiento físico y el ejercicio gracias al corazón.

¿Cuán en forma está tu nervio vago?

Después de todo lo que has leído, ¿te estás preguntando en qué estado de forma se encuentra tu nervio vago? Efectúa la autoevaluación que sigue y explora el grado de flexibilidad de tu sistema nervioso. No se trata de realizar una evaluación diagnóstica o científica. Las cuestiones que se plantean tienen que ver con síntomas y comportamientos que se correlacionan con el funcionamiento vagal (Cabrera *et al.*, 2018). El propósito de esta evaluación es invitarte a indagar y a conocer mejor la respuesta de tu sistema nervioso.

Evalúa como verdadera (V) o falsa (F) cada afirmación. Otorga un punto a cada V:

1. *Cuando siento emociones desagradables, me cuesta calmarme.*
2. *Me resulta difícil organizar mis pensamientos. Mi mente está confusa y poco clara.*
3. *Me cuesta encontrar la energía que necesito para llegar al final del día.*
4. *Tengo dificultades para aquietarme cuando tengo que estar en posición sentada o descansar. Tengo demasiada energía en el cuerpo.*

5. *Rara vez me siento en paz y en calma.*
6. *Lidio con la depresión, la ansiedad, el pánico, la rabia, el miedo, el enojo o la sensación de no poder más.*
7. *Me cuesta conectar con otras personas.*
8. *No me resulta fácil confiar en la gente.*
9. *No puedo identificar muchas cualidades en mí.*
10. *No me es sencillo gestionar y regular mis emociones.*
11. *Me cuesta tener un sueño reparador. (Posibles causas: dificultades para conciliar el sueño o para dormir toda la noche, terrores nocturnos, sonambulismo, apnea del sueño...).*
12. *Me cuesta concentrarme y prestar atención.*
13. *Mi sistema digestivo presenta problemas con frecuencia. (Ejemplos: náuseas, gases, hinchazón, reflujo ácido, problemas digestivos, dolor abdominal, aumento o disminución del apetito...).*
14. *Me cuesta pensar en el futuro y establecer metas.*
15. *A menudo me bloquean sentimientos y sensaciones desagradables en la mente y el cuerpo.*

Suma la cantidad de V (afirmaciones con las que te has identificado) y lee la evaluación pertinente:

> Una puntuación de 0 a 5 indica un sistema nervioso bien regulado, con un tono vagal alto y un nervio vago flexible. Tener un nervio vago flexible les permite a la mente y al cuerpo regularse y gracias a ello puedes gozar de una mejor salud y bienestar.

Una puntuación de 6 a 9 podría reflejar niveles intermedios de regulación y tonicidad vagal. Aunque tu nervio vago presenta cierta flexibilidad, tu sistema nervioso autónomo tiende a quedarse fijado en determinados estados durante más tiempo del conveniente, lo que puede ocasionarte sufrimiento emocional y físico.

Una puntuación de 10 o más puede indicar un sistema nervioso autónomo mal regulado, con un tono vagal bajo y una flexibilidad vagal limitada. Es posible que te cueste regular las emociones, que experimentes molestias físicas a menudo, que tengas dificultades significativas con el sueño y que sufras problemas digestivos. Un tono vagal bajo significa que tu nervio vago no puede funcionar de manera óptima para apoyar tu salud y bienestar. La consecuencia puede ser mucho sufrimiento emocional y físico.

Encontrar un punto medio

Sea cual sea la zona en la que te encuentres según esta autoevaluación, tu sistema nervioso puede volverse más resiliente. Tiene la increíble capacidad de sanar y conformar nuevas rutas neuronales. Esto significa que cuentas con la posibilidad de ejercitar y fortalecer tu nervio vago, aumentando así su funcionalidad y haciendo que sea más capaz de regular las vías de tu sistema nervioso autónomo.

Hay algunos problemas de salud y trastornos psicológicos, como las enfermedades cardíacas, el autismo y las lesiones cerebrales traumáticas, para los que las intervenciones basadas en habilidades podrían no ser suficientes.

Es importante prestar la debida atención a estos problemas y trastornos, ya que pueden tener un gran impacto en el funcionamiento vagal. En este capítulo no quiero dar a entender que todo se pueda resolver con estrategias de autoayuda o que todos los trastornos o enfermedades se puedan corregir con ejercicios vagales. El sistema nervioso es complejo y hay muchos factores que afectan a su funcionamiento. Algunos están bajo nuestro control y otros no. Pero incluso si tienes un problema de salud o trastorno que afecte a tu nervio vago puedes beneficiarte de las técnicas y estrategias que aquí se presentan. No des por sentado que todas las propuestas incluidas en esta obra te serán útiles. Tampoco des por sentado que ninguna te servirá por el hecho de tener una enfermedad o un trastorno. Encuentra un punto medio y mantén la curiosidad activa a lo largo de este viaje polivagal.

El uso del freno vagal

Hace unos años, estaba de excursión con mi marido y nuestro perro en las Montañas Rocosas cuando nos sorprendió una tormenta inesperada. Esa tormenta no tardó en volverse peligrosa; empezó a caer granizo y el agua comenzó a correr por la hondonada, lo cual era indicativo de que podía producirse una inundación repentina. Había relámpagos sobre nuestras cabezas, y el frío aguacero a 2.700 metros de altura implicaba riesgo de hipotermia.

Encontramos una roca bajo la cual cobijarnos y tratamos de guarecernos allí, los tres juntos, esperando a que cesara el diluvio. No tardamos en darnos cuenta de que estábamos en un verdadero aprieto. El agua caía desde la parte superior de la roca y yo temía que pudiese sobrevenir una inundación o que pudiese producirse un alud de barro. Cuando llevábamos treinta minutos bajo la tormenta estábamos congelados y vi que los labios de mi marido se estaban poniendo azules, lo cual era un signo de hipotermia. El granizo y la lluvia eran tan abundantes que éramos incapaces de ver el sendero, por lo que solo podíamos permanecer en el lugar.

Entonces, mis vías autónomas empezaron a tomar el control. Sentí que entraba en el modo de lucha o huida. Como había estado estudiando la teoría polivagal y podía detectar las señales de activación simpática en mi interior, acudí a algunas estrategias para activar el freno vagal. Sabía que mantener la conexión con la vía ventral me ayudaría a lidiar con esa situación difícil y peligrosa. Utilicé una técnica de respiración que aprendí en las clases de yoga* que genera calor en el centro del cuerpo y me ayuda a mantenerme anclada a mi circuito ventral. Usando esta técnica pude calentar la parte central del cuerpo y activar el freno vagal. Activar el freno vagal me permitió pensar con más claridad, y la claridad de pensamiento era fundamental en ese contexto. Mi marido quería salir corriendo,

* N. del T.: Ver el ejercicio de la respiración del fuelle, en el capítulo seis.

pero como no podíamos ver el sendero, no sabríamos hacia dónde ir, y correríamos directamente hacia la zona más peligrosa en caso de producirse una inundación repentina o un alud. Esa respuesta de lucha o huida no era, posiblemente, la mejor opción si queríamos sobrevivir. Le mostré cómo respirar como lo estaba haciendo yo y lo animé a esperar un poco más. Es sabido que en las Montañas Rocosas tienen lugar aguaceros de corta duración.

Esperamos unos minutos más y la lluvia cesó. En cuanto pudimos ver el sendero, nos apresuramos a salir. En ese momento, mi marido tenía mal aspecto. Aunque está muy acostumbrado a permanecer en la naturaleza, había intentado protegernos a nuestro perro y a mí del chaparrón, por lo que había estado más expuesto a la lluvia fría que yo. Estaba pálido y tenía los labios azules. Hablaba de un modo un poco incoherente y me dijo que no sentía las manos ni los pies. Yo iba delante y lo animé a abrir y cerrar las manos, y a avanzar rápido por el sendero para activar la circulación sanguínea. Como yo estaba conectada a mi vía ventral, pude corregularlo enseñándole una manera de respirar apropiada e indicándole que no dejara de avanzar y que moviera sin parar los dedos de las manos y los pies para activar el flujo sanguíneo (en el capítulo ocho hablaremos de la corregulación).

Teníamos el coche a algo más de un kilómetro y medio de distancia, y en poco tiempo llegamos, tomamos unas toallas y miramos hacia arriba: el cielo, azul y totalmente despejado, se estaba burlando de nosotros. Nuestro perro estaba bien, solo un poco asustado por toda la experiencia. Nos quitamos la ropa mojada, encendimos la calefacción, bebimos mucha agua y nos miramos con una expresión entre asombrada y sorprendida.

Cuando estábamos en mitad de la tormenta, el sistema nervioso de mi marido y el mío respondieron a unas señales de peligro muy evidentes. La energía de lucha o huida que experimentamos debido a la activación de nuestras respectivas vías simpáticas estaba perfectamente justificada; era totalmente necesaria. Pero si nos hubiésemos dejado llevar por esos impulsos de lucha o huida no estoy segura de que todo hubiera terminado tan bien. Dado que usamos la respiración para activar el freno vagal y generar un calor corporal muy necesario, pudimos pensar con mayor claridad. Pudimos contener nuestros impulsos y tomar decisiones conscientes. El hecho de usar el freno vagal nos permitió servirnos de la inhibición cognitiva y el razonamiento para tomar decisiones; gracias a esto volvimos al automóvil empapados pero ilesos.

Saber cómo manejar el freno vagal es una gran ventaja. Poder activar el freno y apaciguar las respuestas automáticas y de supervivencia puede ser muy útil en un contexto de vida o muerte, en mitad de una discusión acalorada o una situación muy estresante que requiera una resolución cuidadosa. Cuando podemos usar habilidades para aumentar la conexión con la vía ventral y alejarnos de los estados extremos de lucha, huida, inmovilidad total o colapso, a menudo encontramos más opciones, alternativas y recursos para manejar las situaciones. La capacidad de activar el freno vagal es indispensable para aplicar herramientas efectivas destinadas a afrontar el estrés, superar la adversidad y encontrar el equilibrio emocional. En los próximos capítulos profundizaremos en estrategias que te ayudarán a activar el freno vagal, aumentar el tono vagal y mantener la valiosa conexión con la vía ventral incluso en los contextos más estresantes.

Resumen y aspectos clave

- Es posible ejercitar y tonificar el nervio vago de forma similar a como se pueden tonificar los músculos haciendo ejercicio.
- Tonificar el nervio vago puede mejorar el rendimiento neurológico, la tolerancia al estrés y la regulación del sistema nervioso.
- La variabilidad de la frecuencia cardíaca hace referencia a las fluctuaciones en los latidos del corazón según lo que requiere el momento. Está asociada a una mejor regulación emocional, la inhibición de los impulsos y menos ansiedad.
- La flexibilidad vagal es esencial para la salud y el bienestar.
- El freno vagal es el mecanismo que le permite al nervio vago influir en la frecuencia cardíaca.
- El nervio vago puede tonificarse mediante ejercicios (es decir, actividades, comportamientos o

técnicas) que hagan subir y bajar la frecuencia cardíaca.

- Hay muchas maneras de tonificar el nervio vago. Exploraremos varias en el próximo capítulo. Estas son algunas de las técnicas que, según estudios realizados, son efectivas: el ejercicio cardiovascular, el levantamiento de pesas, el yoga, la meditación, el trabajo con la respiración, el mindfulness, el masaje, la oración, la terapia de agua fría, el consumo de suplementos y la conexión con una mascota o un ser querido.
- Estos ejercicios pueden adaptarse para cualquier persona, independientemente de sus capacidades físicas o neurológicas.

Capítulo 6

Ejercicios vagales

Como hemos visto, tener un nervio vago «tonificado» es muy positivo. Un nervio vago tonificado es un nervio vago flexible. Esto significa que podemos potenciar e inhibir las respuestas autónomas con mayor fluidez, lo que nos da un mayor control sobre nuestros estados emocionales, sensaciones corporales y pensamientos. Un nervio vago flexible es un recurso de valor incalculable para este viaje llamado *vida*. Nos permite detener la ansiedad y el pánico, salir de un bajón cuando nos sentimos mal y gestionar muy bien las respuestas de estrés ante los retos que tengamos que afrontar, sea cual sea la magnitud de estos. Si el nervio vago no es flexible, podemos sentir que no tenemos el control de nuestras emociones. Es fácil que quedemos atrapados en estados de agobio o bloqueo y que la vida nos resulte difícil y desagradable de resultas de ello.

Por lo tanto, si quieres gozar de un mayor equilibrio emocional y de mayor armonía interna, quieres sentirte más resiliente y quieres que el estrés no te afecte tanto, tienes que ejercitar el nervio vago con regularidad. No puedes limitarte a desear que tu nervio vago se vuelva más eficaz y flexible o creer que lo lograrás por medio del pensamiento. Cuanto más ejercites el freno vagal, más resiliente serás y mayor será tu capacidad de sobreponerte a las situaciones estresantes.

Puedes usar estrategias de varios tipos para aumentar la flexibilidad del nervio vago. Volviendo a la información ofrecida en el capítulo dos, recuerda que todo empieza con algunos hábitos de salud fundamentales: un buen sueño, una nutrición y una hidratación apropiadas, y la socialización. Aunque estos cuatro factores por sí solos no solucionan todo ni aumentan el tono vagal por sí mismos, priorizarlos puede conducir a cambios importantes en el bienestar. Si no damos prioridad a estos cuatro pilares, no habrá estrategia de afrontamiento, libro de autoayuda o «truco» que sea efectivo.

No es posible incluir en una sola lista todas las actividades que pueden tonificar el nervio vago. Así como hay múltiples formas de ejercitar el cuerpo, hay muchas, muchísimas formas de ejercitar el nervio vago. Para que entiendas lo amplio que puede ser el listado, aquí tienes algunas actividades que han mostrado ser buenas para fomentar la flexibilidad del nervio vago (Laborde *et al.*, 2018):

- Estimulación cerebral con estimulación magnética transcraneal

- Inhalación de oxígeno
- Los suplementos de omega 3, B_{12}, vitamina D y magnesio pueden influir en la variabilidad de la frecuencia cardíaca
- Inmersión en agua fría
- Crioterapia
- Acupuntura
- Masajes
- Meditación y mindfulness
- *Chi kung*
- Reiki
- Tonos binaurales de frecuencia *theta*
- Ejercicios de respiración
- Yoga
- Oración
- Música relajante
- Canto
- Contacto regular con otros humanos o animales
- Caminar en la naturaleza

Como puedes ver, es posible ejercitar el nervio vago por medio de muchas actividades y prácticas diferentes. Probablemente ya estés realizando varias en cierto grado. Pero es fundamental que te impliques con ellas intencionadamente. Saber reconocer tus vías autónomas te permite trabajar con tu sistema nervioso de forma consciente. Si sabes qué técnicas afectan a tu nervio vago, podrás usar la más apropiada según el momento.

Por ejemplo, tal vez decidas salir a caminar a la hora del almuerzo para ejercitar el freno vagal y elijas a propósito una ruta que te transmita señales de seguridad. Pasas por una calle en la que hay árboles grandes y hermosos y disfrutas así un momento en la naturaleza. De camino a casa, eliges intencionadamente escuchar tonos binaurales relajantes y al llegar preparas una comida rica en omega 3, porque sabes que todo ello es bueno para tu neurobiología. Después te relajas viendo un programa que te gusta en el sofá con tu gato, que es sin duda el gato más adorable que existe. Cierras el día con una oración de gratitud, con la que reflexionas sobre tus esperanzas para el futuro y todo aquello que te inspira agradecimiento, y te acuestas temprano para asegurarte de dormir bien. Este ha sido un día de cinco estrellas para tu nervio vago.

Al disponer de este conocimiento tienes la oportunidad, incluso se podría decir la responsabilidad, de vivir la vida teniendo siempre presentes las necesidades de tu sistema nervioso. Nadie es responsable de tus neuronas salvo tú. Te corresponde a ti ocuparte de tu neurobiología. Si cuidas bien tu sistema nervioso, estará en mejores condiciones para cuidar de ti.

Técnicas somáticas

Las *técnicas somáticas* conectan la mente y el cuerpo para soltar tensión, promover la regulación y apoyar el bienestar. A menudo se basan en el ejercicio físico o en el mindfulness, más que en el uso del cerebro cognitivo y racional. Las técnicas somáticas son herramientas maravillosas para trabajar con el nervio vago.

Este apartado contiene algunas de mis técnicas somáticas favoritas para trabajar con las vías autónomas y estimular mi nervio vago. Tú también puedes usarlas para ejercitar y tonificar el tuyo. También puedes emplear estas estrategias para trabajar con el freno vagal y reducir la activación dorsal o simpática en momentos de sobrecarga. Las técnicas de este capítulo están pensadas para tonificar el nervio vago y activar el freno vagal mediante intervenciones basadas en el cuerpo o centradas en lo somático.

Yoga nidra

El yoga es una práctica reconocida internacionalmente que está asociada a una gran variedad de beneficios para la salud. Aunque en las culturas occidentales muchas personas piensan que es una práctica en la que se adoptan posturas parecidas a los *pretzels*, esta no es una representación precisa del yoga. La palabra *yoga* puede traducirse más o menos como 'unión' y, en efecto, esta disciplina tiene como objetivo fomentar la unión entre la mente, el cuerpo, el corazón y el espíritu. Hay muchos tipos de yoga, múltiples linajes y diversas tradiciones. Las posturas físicas o poses no lo son todo; el yoga también se practica mediante la lectura, el canto, la meditación, el mindfulness, el movimiento físico y el servicio a los demás. Hay estudios que indican que ciertas prácticas yóguicas pueden afectar positivamente a la variabilidad de la frecuencia cardíaca y el tono vagal (Bandi Krishna *et al.*, 2014; Ferreira-Vorkapic *et al.*, 2018; Markil *et al.*, 2012; Rajagopalan *et al.*, 2022). Esto significa que el yoga ofrece muchos beneficios y formas de ejercitar el nervio vago.

El yoga nidra es una modalidad de yoga meditativa y terapéutica. Está en mi lista personal de las tres mejores estrategias de autoayuda de todos los tiempos. *Nidra* es un término sánscrito que cuenta con varias traducciones posibles; una de ellas es 'sueño'. El yoga nidra es la práctica del 'sueño yóguico'. No requiere adoptar posturas físicas ni realizar ejercicios de equilibrio. Se practica mejor en posición tumbada, contando con mantas y almohadas cómodas. Se empieza con una relajación progresiva del cuerpo, a la que sigue una visualización guiada. Es fácil encontrar grabaciones de yoga nidra en Internet y en cualquier plataforma de música en *streaming*. Algunas grabaciones duran diez minutos, y otras hasta ocho horas. Si nunca antes has realizado un ejercicio de yoga nidra y disfrutas la práctica que sigue, ahora ya sabes que tienes a tu disposición una gran cantidad de recursos gratuitos en línea.

Ejercicio de yoga nidra de relajación progresiva

Tardarás unos quince minutos en realizar este ejercicio.

Adopta una postura cómoda. Dispón mantas y almohadas según tu conveniencia y túmbate. Te podría ser útil programar una alarma, ya que es fácil quedarse dormido con la práctica del yoga nidra.

Realiza esta práctica despacio. Cuanto mayor sea la lentitud con la que procedas, mejor.

Cuando estés a gusto, lleva la atención a la respiración. Nota cómo entra y sale el aire de los pulmones.

Siente el aire de la respiración en contacto con la parte posterior de la garganta. Percibe su temperatura.

Siente cómo se mueven los pulmones con la inhalación y la exhalación.

Lleva la atención a la coronilla. Relaja todos los músculos del cuero cabelludo.

Relaja la cara, los ojos, la mandíbula, la garganta.

Ahora, recorre mentalmente el brazo derecho, desde el hombro, permitiendo que se vuelva más pesado a tu lado.

Recorre mentalmente el brazo izquierdo, desde el hombro, permitiendo que se vuelva más pesado a tu lado.

Deja que la parte superior, media e inferior de la espalda se relajen.

Suelta cualquier tensión alojada en el abdomen.

Deja que la pelvis y las caderas se relajen.

Recorre con la atención la pierna derecha en sentido descendente, muy despacio, relajando todos los músculos, hasta llegar a los dedos del pie.
Ahora lleva la atención a la pierna izquierda y relaja todos los músculos mientras vas bajando, hasta llegar a los dedos del pie.
Vuelve a tomar conciencia de todo el cuerpo.
Observa que todo tu cuerpo está relajado y respirando.
Percibe las sensaciones presentes en el cuerpo. ¿Qué sientes?
Detecta las zonas en las que la energía está pulsando, palpitando, fluyendo, vibrando suavemente o irradiando.
Detecta las zonas del cuerpo en las que sientes más energía.
Toma conciencia de las zonas del cuerpo en las que sientes menos energía.
Evita los juicios. No hay ninguna necesidad de que juzgues tu sistema nervioso.
Observa.
Percibe.
Ten curiosidad.
Ahora, imagina una brillante luz sanadora que flota justo encima de ti. Esta luz está aquí para ofrecerte cuidado y apoyo, y liberarte así del estrés, la preocupación, el dolor y el malestar.
Imagina que esta bola de luz y energía sanadora te rodea como una manta cálida y acogedora. Visualiza cómo te nutre y llena de paz cada rincón de tu cuerpo, desde la cabeza hasta los dedos de los pies.
Deja que la luz te abrace más con cada respiración.
Mientras esta luz sanadora te sostiene, tu sensación de paz y tranquilidad va aumentando.

Permanece así, con la atención puesta en la luz, la respiración y las sensaciones, mientras sientas que te aportan beneficios.
Cuando sientas que es el momento de poner fin a la práctica, hazlo muy despacio.
Comienza moviendo los dedos de las manos y de los pies. Estírate y realiza algún movimiento muy suave.
Finalmente, abre los ojos, gira sobre un costado y empuja con las manos para sentarte.
Dedica unos momentos a observarte y reflexionar:

1. *¿Qué emociones o sentimientos percibes en este momento?*
2. *¿Qué sensaciones corporales notas?*
3. *A partir de la información anterior, determina qué vía de tu sistema autónomo está más activa en estos momentos.*
4. *¿Qué piensas de la práctica que acabas de realizar?*
5. *¿En qué momentos sería apropiado que recurrieses al yoga nidra para obtener apoyo y regulación?*

Terapia de agua fría

Existe una técnica llamada *terapia de agua fría*, en efecto. Está ganando popularidad con rapidez como método para mejorar el estado de ánimo y mitigar los síntomas de la depresión (Kelly y Bird, 2022; Hjorth *et al.*, 2022; Shevchuk *et al.*, 2008). La terapia de agua fría implica exponerse directamente al agua fría durante períodos breves. Te estarás preguntando qué hay que entender por «breves»... Pues lapsos que van desde los treinta segundos hasta los veinte minutos, para las personas habituadas. Pero recuerda que la hipotermia es un riesgo real, por lo que hay un límite de tiempo seguro para esta práctica.

La terapia de agua fría estimula y tonifica el nervio vago. Es un ejercicio vagal maravilloso porque influye en las vías autónomas. Se ha demostrado que mejora el estado de ánimo y el metabolismo, y reduce el dolor. Uno de los beneficios que presenta es que el agua fría activa el freno vagal. Ese jadeo rápido e instintivo que tiene lugar cuando nos empapamos en agua fría señala una activación del freno vagal; como respuesta inmediata, la frecuencia cardíaca aumenta rápidamente. Saber esto me ayuda mentalmente cuando practico la terapia de agua fría. En el momento en que jadeo, pienso: «¡De esto se trata! ¡De activar el freno vagal!».

Puedes aplicar la terapia de agua fría de varias maneras:

- Salpícate agua fría sobre la cara.
- Al ducharte, ponte bajo un chorro de agua fría en los últimos treinta a sesenta segundos.
- Sumérgete en un baño con agua fría.
- Visita una cámara criogénica.

Consulta con tu médico primero, sobre todo si tienes problemas cardíacos. El tiempo de inmersión apropiado varía según el grado de tolerancia y el tipo de exposición al agua fría. Recomiendo empezar con la técnica de la ducha durante diez segundos. Acostúmbrate e incrementa el tiempo a medida que vayas tolerando mejor el impacto.

Cuando empecé a realizar la terapia de agua fría en la ducha, detestaba esta práctica. La temía cada día y tenía que obligarme a girar el mando hacia el agua fría. Aprendí a motivarme con este «mantra»: «¡Puedes hacerlo! ¡Son solo treinta segundos! ¡Es menos tiempo del que tardas en caminar hasta el buzón!». Esta voz me ha sido muy útil. También descubrí que poner música motivadora (en mi cabeza o en un aparato) me ayudaba muchísimo. Me obligué a realizar la práctica todos los días. En la actualidad, anhelo el tiempo que paso bajo el agua fría, y mis duchas suelen incluir varios ciclos de terapia de agua fría, lo cual quiere decir que alterno entre el agua fría y caliente. Cuando me siento mal o estoy pasando por un período estresante, me doy varias duchas al día para exponerme al agua fría y activar el freno vagal. Te digo todo esto para animarte y asegurarte que la experiencia mejora con el tiempo. Piensa en esta historia cuando me estés maldiciendo en la ducha y di: «Algún día anhelaré esto».

Trabajo con la respiración

El freno vagal está directamente conectado con la respiración. Cuando inhalamos, el freno vagal se desactiva, lo cual hace que la frecuencia cardíaca aumente. Cuando expulsamos el aire, el freno vagal se activa, y la frecuencia cardíaca disminuye. Puesto que el ritmo cardíaco acelera y se ralentiza de forma natural al respirar, trabajar con la respiración es sin lugar a dudas una forma de interactuar con el freno vagal y desarrollar la flexibilidad vagal. Está bien documentado que el trabajo con la respiración es una manera fantástica de gestionar el estrés y mejorar el bienestar. Un estudio de 2023 realizado por Balban y colegas suyos incluso afirma que ciertas modalidades de trabajo con la respiración son más efectivas para «mejorar el estado de ánimo y la activación fisiológica» que el entrenamiento en el mindfulness o la meditación.

Ciertos estudios indican que la respiración lenta puede influir en las vías autónomas y la variabilidad del ritmo cardíaco. Tiene el potencial de aumentar el tono vagal (Laborde *et al.*, 2017; Laborde *et al.*, 2022), reducir la ansiedad (Magnon *et al.*, 2021) y mejorar el bienestar (Goldstein *et al.*, 2016). A renglón seguido encontrarás una serie de prácticas de respiración que usan la respiración lenta para activar el freno vagal y desarrollar la flexibilidad vagal.

Respiración de la abeja

El nervio vago inerva (toca) muchas zonas del cuerpo. La laringe, que incluye las cuerdas vocales, es una de estas zonas. Practicar la respiración de la abeja estimula el nervio vago a través de las cuerdas vocales, y la exhalación larga y lenta de esta práctica activa aún más el freno vagal. Para practicar la respiración de la abeja, solo tienes que emitir un zumbido similar al que produce una abeja al volar mientras expulsas el aire.

Siéntate en una postura cómoda.
Haz una inhalación profunda para prepararte y expulsa el aire.
Ahora, haz una inhalación completa por la nariz, hasta llenar de aire los pulmones.
Con la boca cerrada, emite el zumbido mientras exhalas. Procura que la exhalación sea lo más larga posible.
Inhala de nuevo.
Exhala otra vez con la boca cerrada, mientras emites el zumbido similar al de una abeja.
Haz seis respiraciones de este tipo por lo menos.
Después de la última exhalación deja que la respiración vuelva a la normalidad. Advierte lo que sientes en tu interior: toma conciencia de cualquier cambio relativo a cómo se siente tu cuerpo, lo que sucede en tu mente y tu estado emocional.

El suspiro fisiológico

El suspiro fisiológico es una técnica de respiración simple que puede reducir la ansiedad y el estrés. Activa el freno vagal y, al hacerlo, disminuye la activación simpática. Las investigaciones indican que el suspiro fisiológico puede ser una forma rápida y sencilla de cambiar el estado neurofisiológico (Balban *et al.*, 2023). Este ejercicio de respiración requiere que hagas dos inhalaciones a las que debe seguir un suspiro largo, con la boca abierta. Vamos a practicar.

Siéntate en una posición cómoda.
Para comenzar, haz una inhalación profunda por la nariz para prepararte y saca el aire por la boca.
Ahora, haz una inhalación prolongada por la nariz, e inmediatamente una inhalación rápida adicional, también por la nariz.
A continuación, abre la boca y suspira, exhalando con la boca abierta. Asegúrate de que lo que emites es un suspiro, o el efecto no será el mismo.
Repite la secuencia: efectúa una inhalación larga por la nariz, a la que debe seguir una inhalación más rápida por la nariz. Acto seguido, abre la boca y suspira mientras exhalas.
Respira de esta manera seis veces o durante unos minutos.
Deja que la respiración vuelva a la normalidad y observa las sensaciones físicas y emocionales de las que eres consciente. ¿Qué percibes en tu interior? ¿Qué ha cambiado?

Respiración cuadrada

La respiración cuadrada o respiración en caja se puede practicar casi en cualquier lugar. Consiste en inhalar, aguantar el aire al final de la inhalación, exhalar y permanecer un momento con los pulmones vacíos. Esta forma de respirar mantiene un ritmo uniforme que fomenta la sensación de equilibrio y regulación, a la vez que obliga a la mente a centrarse.
La respiración cuadrada recibe su nombre del cuadrado que dibujamos mientras practicamos este ejercicio. Puedes dibujarlo en un papel, trazarlo en el aire o imaginarlo (ver ilustración). Esta

es una forma de mantener la atención focalizada y evitar que la mente divague.

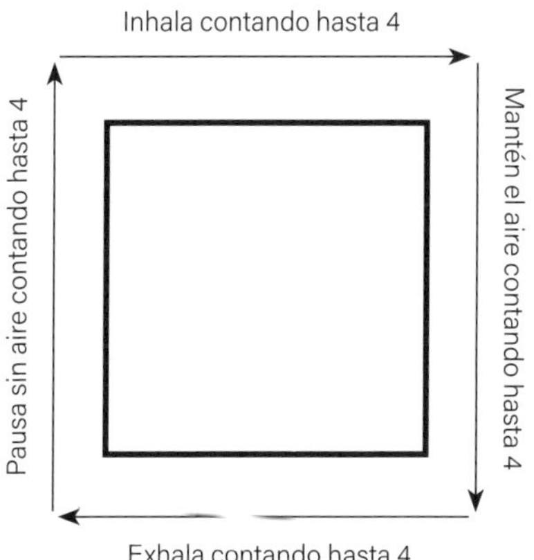

Siéntate en una posición cómoda.
Al inhalar, dibuja la línea superior del cuadrado de izquierda a derecha.
Aguanta el aire tras finalizar la inhalación al tiempo que dibujas el lado del cuadrado desde arriba hacia abajo.
Ahora expulsa el aire mientras trazas la línea inferior del cuadrado, de derecha a izquierda.
Finalmente, permanece sin respirar al final de la exhalación mientras trazas el último lado del cuadrado, desde abajo hacia arriba.
Repite toda la secuencia varias veces o durante unos minutos.
Recuerda que cuanto mayor sea la lentitud con la que procedas mayores serán los beneficios.
Cada vez que repitas la secuencia ralentiza el ritmo un poco más.

Después de seis rondas por lo menos, deja que la respiración vuelva a la normalidad y observa tu experiencia. Toma conciencia de cualquier cambio que se haya producido en tus emociones, sensaciones corporales y vías autónomas.

Respiración del fuelle

Esta técnica la aprendí de mi profesor de yoga, Michael Shankara, en Denver (Colorado). Es una forma de respirar que puede aumentar la energía simpática y ayudarnos a salir de un estado dorsal, de inactividad. Uso esta técnica para generar calor en el centro del cuerpo y activarme cuando me siento apagada. Requiere concentrarse en expandir y desinflar completamente el vientre al respirar. Como en este ejercicio participa el abdomen y la respiración se mantiene rápida, la frecuencia cardíaca puede aumentar, al mismo tiempo que se incrementan la temperatura corporal central y la energía simpática.

Siéntate en una posición cómoda.
Lleva la atención al vientre.
Haz una inhalación rápida y profunda, y siente cómo el vientre se expande completamente.
Ahora suelta el aire deprisa y lleva el vientre hacia la columna vertebral. Este movimiento ayuda a expulsar todo el aire de los pulmones.
Sigue respirando de esta manera, manteniendo la atención en el movimiento del vientre.

No hagas ninguna pausa al final de la inhalación ni al final de la exhalación, mantén un ritmo rápido, usando los músculos abdominales en todo momento para expandir y contraer completamente el vientre.
Respira según lo indicado durante un lapso de treinta a sesenta segundos.
Obsérvate y advierte cualquier cambio que se haya producido en tu cuerpo, tus emociones o tus pensamientos.

El mindfulness y la meditación

Hay estudios que indican posibles mejoras en el tono vagal tras realizar prácticas de mindfulness y meditación (Linares *et al.*, 2019; Poli *et al.*, 2021). Pero la meditación no tiene un efecto calmante en todas las personas en todo momento; algunas se sienten más activadas o alteradas cuando intentan meditar. Veamos algunas posibles explicaciones para este fenómeno.

Como la meditación requiere que nos sentemos quietos y nos volvamos hacia el interior, las vías autónomas pueden activarse de una manera desagradable si el hecho de estar sentados sin movernos y dirigir la atención hacia dentro es una experiencia incómoda para nosotros. Yo llevo muchos años practicando la meditación, y a veces, si me siento a meditar cuando tengo el sistema simpático muy activado, termino sintiendo ansiedad. Sin embargo, ha habido muchas más ocasiones en las que la práctica meditativa me ha resultado útil.

La meditación puede ser una práctica capaz de cambiarte la vida; este es el caso para muchas personas. Pero no siempre es fácil y en ocasiones puede hacer que nos sintamos peor. El efecto depende del estado de nuestra neurobiología y de si la neurocepción percibe que estar quieto, en silencio y volcado hacia dentro es una experiencia segura o peligrosa.

La meditación es un tipo de mindfulness, pero no todas las modalidades de mindfulness son un tipo de meditación. Para muchas personas, el mindfulness puede ser una alternativa a la meditación más accesible, e incluso puede enseñarnos las habilidades que necesitamos para meditar. Las estrategias basadas en el mindfulness pueden afectar positivamente al tono vagal e incrementar la activación del circuito ventral (Poli *et al.*, 2021). Los ejercicios que siguen son técnicas de mindfulness que pueden ayudarte a mejorar el tono vagal y a desarrollar la flexibilidad del nervio vago.

Práctica centrada en el corazón

Esta práctica está inspirada en la meditación *metta*. La realicé por primera vez con Thich Nhat Hanh, monje budista y autor de prestigio internacional que falleció en el año 2022. *Metta* es una modalidad de mindfulness, una práctica contemplativa que se centra en la compasión. Practicar meditaciones *metta* puede ayudarte a desarrollar compasión por ti y por los demás. Requiere respirar despacio y prestar atención a la experiencia interna.

Este ejercicio puede durar de cinco a diez minutos, según el tiempo que quieras dedicarle.

> *Para empezar, siéntate en una posición cómoda. Alternativamente, podrías optar por tumbarte.*
> *Haz algunas respiraciones lentas para asentarte y aquietarte.*
> *Cierra los ojos o deja que tu mirada descanse en un punto.*
> *Lleva la atención al corazón.*
> *Pon una o ambas manos sobre el corazón.*
> *Nota cómo palpita.*
> *Permanece en esta postura durante varios segundos o minutos, observando cómo entra y sale el aire al respirar y sintiendo los latidos del corazón.*
> *Seguidamente, repetirás un par de frases para mantener la mente enfocada. Al inhalar, di mentalmente «soy consciente de mi corazón», y al exhalar, di «que haya paz en mi corazón». Puedes modificar ligeramente estas frases si hay alguna variación con la que conectes más, pero procura que estén centradas en tu corazón y mantener una actitud compasiva.*
> *Permanece en posición sentada unos minutos con la atención puesta en la respiración y el corazón mientras repites las frases «soy consciente de mi corazón» y «que haya paz en mi corazón».*

Esta práctica *metta* centrada en el corazón es un recurso maravilloso cuando nos sentimos heridos, perdidos o fuera de lugar. Concentrarte en la compasión dirigida hacia ti y hacia los demás puede apaciguar tus vías autónomas activadas e incrementar tu conexión con la vía ventral.

El ancla ventral

Muchas prácticas contemplativas incluyen una visualización guiada. En el mindfulness, la meditación y el yoga nidra es posible servirse del poder de la mente para calmar el sistema nervioso y generar los estados agradables propios de la vía ventral. En este ejercicio, la visualización guiada te ayudará a conectar con tu vía ventral.

Encuentra un lugar en el que puedas sentarte o tumbarte cómodamente.
Haz varias respiraciones lentas y adéntrate en la quietud.
Cierra los ojos o deja que tu mirada descanse en un punto.
Evoca todas las cualidades de tu vía ventral. Usa la palabra que te guste como nombre de esta vía para tenerla presente en tu mente.
Conecta con las cualidades reparadoras, apacibles y reconfortantes de la vía ventral.
Identifica el tipo de pensamientos, sentimientos y comportamientos que tienes cuando es esta vía la que está activa.
Piensa en una imagen que represente bien esta vía. Puede ser cualquier cosa coherente con ella: un objeto específico, un animal, un símbolo espiritual, un color o una persona.
Deja que esta imagen se expanda en tu mente. Observa su color o colores, su forma y sus características o cualidades.
Mientras mantienes esta imagen en la mente, observa qué sentimientos y sensaciones se manifiestan.

¿Puedes sentir la vía ventral mientras visualizas esta imagen? En caso de que no, explora otras, hasta que encuentres una que te permita sentir esta conexión.

Permanece unos minutos sosteniendo esta imagen en tu espacio mental mientras percibes lo que sientes en el cuerpo. Deja que tu conexión con la vía ventral se fortalezca y expanda.

Cuando sientas que es el momento de poner fin a la práctica, ve retirando la atención del ejercicio. Quizá percibas algún movimiento sutil o incluso un estiramiento antes de abrir los ojos.

Tómate un momento para explorar tu experiencia y el estado en el que te encuentras ahora.

Puedes usar el ancla ventral para que te ayude a regresar a esta vía tranquila y apacible cuando sientas la presión de las defensas simpáticas o dorsales. Emplea la imagen que has elegido a modo de ancla o para conectar con tu vía ventral; solo tienes que evocarla cuando la necesites y explorar el cuerpo para detectar los sentimientos y las sensaciones que acompañan a su presencia.

El contacto con la naturaleza

Pasar tiempo en la naturaleza es como un día en el *spa* para el nervio vago. Ya sea que estemos haciendo una caminata o admirando un bello paisaje, el mundo natural puede obrar magia en el sistema nervioso autónomo. Los estudios confirman que pasar tiempo en la naturaleza promueve la paz y la calma, al reducirse la liberación de las hormonas del estrés y bajar la presión arterial (Gladwell *et al.*, 2012; Lee *et al.*, 2014; Wells y Evans, 2003).

¿Cuánto tiempo deberías pasar en la naturaleza? La buena noticia es que no necesitas caminar dieciséis kilómetros cada semana para obtener estos beneficios. Los expertos aconsejan que intentemos estar en la naturaleza dos horas por semana.

Los cinco sentidos

La próxima vez que salgas al aire libre, estate atento a tus cinco sentidos y conecta más profundamente con el mundo natural. Puedes hacerlo mientras caminas o haces senderismo, o sentándote en un parque o cualquier entorno natural. Explora tus cinco sentidos y deja que la neurocepción capte todas las señales de seguridad que la naturaleza tiene por ofrecer.

Vista. Observa el entorno natural en el que te encuentras. Activa tus habilidades neuroceptivas buscando señales que te resulten placenteras y atractivas, y te transmitan una sensación de seguridad. Percibe la luz, los colores y cualquier objeto natural. Deja que tu conciencia se pose en las señales que te resultan agradables para que tu sistema las asimile. Tal vez repares en la luz que se filtra entre las hojas, las bellas nubes esponjosas que surcan el cielo o los colores impresionantes del atardecer. Baja el ritmo y disfruta estas señales usando el sentido de la vista.

Oído. Repara en las señales sonoras que te transmitan una sensación de seguridad y te resulten agradables. A mí me gusta cerrar los ojos al hacer esto, porque le permite a mi sentido del oído centrarse aún más en los sonidos que tienen un efecto calmante en mi sistema nervioso. Deja que tu conciencia se pose en el silencio que te rodea, en el sonido del agua o en el susurro del viento entre los árboles. Si estás en un lugar público o en un entorno urbano, tal vez oigas las risas de niños, los ladridos de perros o el canto de los pájaros. Céntrate en los sonidos que tienen un efecto positivo en tu sistema nervioso y empápate de ellos.

Olfato. Ahora, toma conciencia de los olores. Tal vez percibas los olores que despierta la lluvia o el olor de la hierba recién cortada. Puedes interactuar con el entorno para conectar aún más con el olfato. Podrías agarrar unas agujas de pino y oler su aroma o detenerte a oler unas rosas.

Gusto. Observa si hay algún sabor acompañando la experiencia. Tal vez el aire fresco esté dejando impresiones gustativas en la parte posterior de tu garganta, o quizá estés tomando una bebida caliente deliciosa. Toma conciencia de cualquier sabor presente, aunque sea el del bocadillo de pavo que te acabas de comer.

Tacto. Empieza por notar la temperatura del entorno. Tal vez sientas el calor del sol o el frescor del aire. ¿Es seco o húmedo el aire? ¿Es cálido o frío? Percibe qué partes de tu cuerpo están cálidas y cuáles frescas. También puedes interactuar físicamente con el entorno a través del tacto: abraza un árbol, pasa las manos por entre la hierba o agarra una piedra y siente su textura lisa y fría.

Al conectar con cada uno de los cinco sentidos, deja que tu sistema nervioso autónomo se implique profundamente con la experiencia; pon esta intención y deja que lo haga por sí mismo. Observa si experimentas algún cambio en las vías autónomas mientras tu nervio vago responde a esta práctica.

La importancia de practicar con regularidad

Hemos visto varias estrategias somáticas destinadas a estimular y tonificar el nervio vago, con el objetivo de desarrollar la flexibilidad del freno vagal. El propósito de estas prácticas es ayudarte a tener un mayor control sobre la respuesta de tu sistema nervioso autónomo ante los estímulos amenazantes o estresantes.

La idea no es que hagas estas prácticas una sola vez y después te olvides de ellas. Para tonificar realmente el nervio vago es esencial que apliques técnicas destinadas a activar el freno vagal y mejorar la flexibilidad neurofisiológica con regularidad. Practicar estas técnicas en momentos de sobrecarga puede ayudarte a reducir el malestar, pero lo óptimo es que las incorpores a tu rutina diaria, aunque no las necesites en el momento. Para retomar la analogía del gimnasio, ir a hacer gimnasia una vez al mes no será suficiente para que puedas alcanzar esas metas que te propusiste en Año Nuevo en cuanto a tu forma física. De manera similar, si solo ejercitas tu sistema nervioso de forma esporádica, el impacto de las técnicas será mínimo. Con la práctica diaria e intencionada experimentarás unos avances notorios con el tiempo.

Resumen y aspectos clave

- Para obtener un mayor control sobre tus vías autónomas y confiar cada vez más en tu capacidad de influir en ellas, debes realizar prácticas de tonificación o ejercitación del nervio vago.
- Un nervio vago flexible contribuye a un mayor equilibrio emocional, una mayor resiliencia y una mayor capacidad para gestionar el estrés.
- Hay muchas actividades y técnicas que estimulan y tonifican el nervio vago. Algunas que hemos visto en este capítulo son el yoga nidra, determinados ejercicios de respiración, el mindfulness y la conexión con la naturaleza.
- El yoga nidra consiste en relajar el cuerpo progresivamente y en seguir una visualización guiada para experimentar un estado de paz y calma.
- Las investigaciones científicas respaldan los ejercicios de respiración como una forma de reducir el estrés y la sobrecarga. Activan el freno vagal y tonifican el nervio vago.

- La meditación puede ser un reto para quienes tienen el sistema nervioso sobrecargado permanentemente. Aunque es beneficiosa para muchas personas, empieza con técnicas de mindfulness si te resulta demasiado complicada.
- El sistema nervioso autónomo también responde positivamente a la naturaleza. Puedes convertir cualquier experiencia en la naturaleza en un ejercicio vagal si implicas tus cinco sentidos.

Capítulo 7

La interocepción

¿Cómo te sientes ahora mismo? Haz una pausa un momento e intenta responder esta pregunta.

¿Puedes describir lo que estás sintiendo? Y aquí tienes un reto un poco mayor: ¿puedes explicar cómo sabes que es eso lo que sientes?

Por ejemplo, supongamos que te digo que me siento contenta. También puedo decirte que sé que me siento así porque estoy experimentando una sensación cálida en el pecho, una quietud en la mente y una sensación general de relajación en el cuerpo. O puedo decirte que tengo ansiedad, y sé que es así porque mi mente está dispersa, siento la mandíbula tensa y no puedo quedarme quieta.

La capacidad de percibir y comprender lo que sentimos se llama *interocepción*, y es una habilidad fundamental que debemos desarrollar en el camino del crecimiento personal y la transformación. La interocepción es la capacidad de conectar con las señales y sensaciones corporales y darles sentido. Es tener conciencia del paisaje interior: las fluctuaciones sutiles en el latido cardíaco, el ritmo cambiante de la respiración y el caleidoscopio de emociones y sensaciones que van y vienen a lo largo del día. La interocepción nos dota de mucha autoconciencia. También ofrece muchas oportunidades para gestionar el estrés y regular los sentimientos y emociones intensos y complicados.

Cuando podemos percibir nuestro ámbito emocional y las sensaciones corporales, tenemos la oportunidad de intervenir. Cuanto mejor se nos dé la interocepción, más información tendremos a nuestra disposición. Y la información es poder cuando se trata de influir en el sistema nervioso. La interocepción está relacionada con el funcionamiento vagal y con una mayor capacidad para regular las emociones, y es una habilidad valiosísima en el proceso de aprender a gestionar el estrés (Pinna *et al.*, 2020).

Entonces, ¿cómo podemos desarrollar nuestros poderes interoceptivos? Aprendiendo a advertir e identificar nuestras experiencias internas.

Volvamos a mi comentario anterior sobre cómo experimento la ansiedad. Supongamos que advierto esas señales de ansiedad que van apareciendo gracias a mis habilidades interoceptivas. En este caso, puedo hacer una pausa y «pisar el freno»: puedo usar alguna técnica para reducir la activación de la vía simpática antes de quedar envuelta en un torbellino de ansiedad y pánico. La interocepción es el prerrequisito para poder poner en práctica las habilidades de regulación. La interocepción es previa a la autorregulación, ya que si no somos conscientes de cómo nos sentimos, ¿cómo podemos hacer algo al respecto?

Todas las técnicas incluidas en este capítulo tienen por objeto mejorar las habilidades interoceptivas. Como si de un superpoder se tratara, estas habilidades pueden ayudarte a surfear las olas autónomas de tu neurobiología y a poner remedio al caos interno. Las habilidades interoceptivas te alertan cuando es el momento de activar el freno vagal y mitigar las reacciones autónomas, para que no te arrastre la corriente. En este capítulo aprenderás a desarrollar tus habilidades interoceptivas y encontrarás estrategias para contrarrestar las defensas autónomas que se activan innecesariamente.

Pensamientos, creencias y sentimientos

¿Sabías que los pensamientos y los sentimientos no son lo mismo? Como terapeuta, no podría decirte cuántas veces le he preguntado a alguien qué estaba sintiendo y me ha respondido con un montón de pensamientos del tipo «creo que es un idiota» o «no sé cómo pudo pasar eso». Aunque son perspectivas válidas, esto son pensamientos y creencias, no sentimientos.

Los pensamientos son procesos que tienen lugar en la mente. Son los comentarios incesantes que oímos en la cabeza. Suelen incluir opiniones, reflexiones, análisis y predicciones. Por ejemplo, el ruido mental sobre la tarea que tienes que hacer, la conversación que tuviste el otro día y algo que va a pasar esta noche son pensamientos. Los pensamientos son como un relato interminable que no incluye pausas. Son el parloteo constante que acontece entre los oídos.

Las creencias son convicciones que tenemos y que moldean nuestra visión y nuestra experiencia del mundo. Tienden a ser absolutas y expresan una verdad que sostenemos sobre algo o alguien. Por ejemplo, «soy una persona amorosa y bondadosa» es una creencia. «El mundo está descontrolado», «este partido político es malo», «mi suegra es un dolor de cabeza» o «hay personas en las que puedo confiar» son ejemplos de creencias. Las creencias son como frases contundentes. Son afirmaciones cortas que establecen una verdad o un hecho (independientemente de si se corresponden con la realidad o no).

Los sentimientos, en cambio, entendidos como sensaciones emocionales, se experimentan en el cuerpo. Aunque son interpretados por el cerebro, son independientes del parloteo mental incesante que acontece en el trasfondo de la conciencia. Los percibimos como manifestaciones de carácter emocional en el cuerpo, como una vibración o atmósfera. Sabemos que tenemos un sentimiento gracias a las sensaciones corporales que lo acompañan.

El aprendizaje de la interocepción requiere prestar atención al cuerpo y a los sentimientos. Aunque la interocepción puede usar los pensamientos como fuente de datos relevantes, está centrada en la experiencia corporal. Esto significa que tiene en cuenta las sensaciones físicas y emocionales principalmente.

Te propongo que respondas un pequeño cuestionario para poner a prueba tu comprensión de estos conceptos. Identifica si cada una de las afirmaciones siguientes refleja un pensamiento, una creencia, un sentimiento o una sensación corporal. Puede ser que haya afirmaciones que reflejen más de uno de estos conceptos, así que enumera todo lo que te parezca correcto.

1. *Soy una persona difícil.*
   Este es un ejemplo de creencia. Se expresa como una verdad absoluta.

2. *Siento miedo y noto que mi corazón late rápido.*
   Aquí tenemos la expresión de un sentimiento y de una sensación corporal. La palabra *miedo* hace referencia a una emoción, que está acompañada por la sensación corporal de que el corazón está acelerado.

3. *No sé qué hacer en esta situación. ¿Debo decirle que puedo acudir a la cita o que no puedo? No estoy seguro de querer ir, pero ¿se va a molestar si le digo que no podemos vernos?*
   Este es un ejemplo de pensamiento, de parloteo mental continuo.

4. *Estoy emocionada por lo de esta noche. Me lo merezco.*
   Aquí tenemos un ejemplo de mezcla de emoción y creencia. «Emocionada» es un sentimiento y «me lo merezco» es una frase contundente que expresa una verdad personal, una creencia.

5. *¿Y si no puedo hacerlo?... Mira que soy estúpido. No me puedo creer que haya vuelto a fallar. Me siento avergonzado. Sabía que no lo lograría. Siento que voy a vomitar.*
   Aquí aparecen entremezclados todos los ingredientes. Estas palabras constituyen un ejemplo de desfile de pensamientos mezclados con creencias («mira que soy estúpido», «sabía que no lo lograría») junto con algún sentimiento («vergüenza»). Finalmente, la afirmación «siento que voy a vomitar» expresa una sensación corporal.

Ahora que tienes claro el marco, procura ser más consciente de tus pensamientos, creencias, sentimientos y emociones y sensaciones corporales, y distinguir unos de otros. Intenta efectuar esta distinción la próxima vez que adviertas lo que estás experimentando en tu interior; por ejemplo, cuando estés hablando con alguien o viendo una película. Este es un paso para desarrollar la conciencia interoceptiva.

El lenguaje de las sensaciones

Cada cuerpo posee un lenguaje propio, el lenguaje de las sensaciones. Aprenderlo es un paso necesario para desarrollar los superpoderes interoceptivos.

El lenguaje de las sensaciones no depende de las creencias, los pensamientos ni la información intelectual. Su base son las experiencias sensoriales. El lenguaje del cuerpo se fundamenta en la temperatura, las texturas, los sonidos y las sensaciones físicas. Si te preguntara cómo experimentas el miedo en el cuerpo, ¿dispones del lenguaje sensorial para expresarlo? ¿Y puedes expresar cómo experimentas la emoción expectante, la alegría, el amor y el deseo sexual?

Solo sabemos que tenemos un sentimiento o una emoción gracias a las sensaciones que conforman el «perfil» de dicho sentimiento. Todos nuestros sentimientos tienen un «perfil», es decir, consisten en un conjunto de sensaciones que el cerebro analiza y después etiqueta: «Este es el perfil de la preocupación. Estoy preocupado» o «Este es el perfil de la gratitud. Estoy agradecida». Lo que sentimos en el cuerpo, dónde lo sentimos, cómo responde el organismo, la cualidad energética de las sensaciones, la temperatura corporal, la frecuencia cardíaca y los patrones de la respiración son factores que, en conjunto, configuran un perfil de sentimiento.

El cerebro interpreta la información sensorial que recibe y luego usa el lenguaje y la predicción para etiquetar ese perfil de sensaciones. Según la etiqueta que le pongamos a la experiencia, el perfil puede estar acompañado de distintas asociaciones y suposiciones. Podemos pensar, por ejemplo, «siento ansiedad, y eso es algo malo», o «siento aprensión, y no debería». Pero aunque podamos llamar «frustración» a cierta sensación y considerar que es una «emoción negativa», el cuerpo no tiene la misma experiencia. Para el cuerpo, la frustración no es más que una mezcla de procesos neurobiológicos. Estos procesos dan lugar a unas sensaciones que etiquetamos como «frustración» y además otorgamos un significado a dicha emoción a partir de las asociaciones que efectuamos y las experiencias que hemos vivido.

Para desarrollar tus habilidades interoceptivas, tienes que salir de la cabeza y entrar en el cuerpo. Esto significa que debes prestar atención a los datos sensoriales que proporcionan las vías autónomas. Para aprender el lenguaje de las sensaciones tienes que alejarte de los pensamientos que acompañan a los perfiles de sentimiento. «¿Podría ser esto el sentimiento de la preocupación? Bueno, en realidad no tengo nada de qué preocuparme. Solo necesito superarlo y todo estará bien». Tal vez te digas esto, pero probablemente no será muy útil. También tienes que alejarte de las creencias que mantienes sobre tus sentimientos. «Soy una persona neurótica y preocupada» no es una declaración que pertenezca al lenguaje de las sensaciones; es parloteo mental en respuesta a unos sentimientos y sensaciones y es un obstáculo para el crecimiento personal.

Para salir de la cabeza y entrar en el cuerpo, tenemos que aprender a advertir las sensaciones y a describir nuestra experiencia interna. Le he puesto nombre a este proceso: la *habilidad de notar y nombrar* (Kase, 2023). Tenemos que identificar en qué partes del cuerpo están ubicadas las sensaciones y ser capaces de usar el lenguaje para describir o enunciar la experiencia.

Aprender a notar y nombrar potencia enormemente la capacidad de gestionar el estrés y el agobio.

Notar y nombrar

En este ejercicio aprenderás dos habilidades fundamentales para la interocepción: percibir el cuerpo y nombrar las sensaciones. Te llevará unos veinte minutos realizarlo.

Instálate en un espacio tranquilo en el que no vayas a sufrir distracciones. Concéntrate en la respiración para llevar la atención al cuerpo. Tómate unos momentos para centrarte y relajarte.

Notar el cuerpo: *lo primero que debes hacer es aprender a tomar conciencia del cuerpo. Puede parecer sencillo, pero la mayoría de nosotros olvidamos hacerlo a lo largo del día. Nuestra sociedad acelerada está llena de estímulos sensoriales que nos desconectan de la experiencia corporal. Es muy fácil que nos quedemos atrapados en la cabeza. Pero si vivimos disociados del cuerpo contamos con menos recursos para lidiar con el estrés. Aprender a prestar atención al cuerpo y notarlo es el* *primer paso en el proceso de la interocepción. Vamos a practicar ahora mismo el incremento de la conciencia del propio cuerpo a través de una exploración corporal progresiva.*

No hay una forma correcta o incorrecta de realizar esta práctica. Solo tienes que notar, percibir, las distintas partes del cuerpo a medida que se mencionan. Trata de no juzgar tu cuerpo ni contar historias sobre él. Por ejemplo, no estás buscando valoraciones del tipo «odio mi estómago». Solo intenta notar cada zona y mantenla en tu conciencia sin dejarte absorber por ningún comentario.

Desplázate despacio por las siguientes ubicaciones corporales, manteniendo la atención en cada una durante un lapso de cinco a diez segundos.

Lee el nombre de cada punto del cuerpo y trata de percibir esa ubicación exclusivamente.

Cabeza
Cara
Oídos
Mandíbula
Nuca
Parte delantera de la garganta
Hombros
Caderas
Muslos
Espinillas
Brazos
Manos
Parte superior de la espalda
Parte media de la espalda
Parte baja de la espalda
Pecho
Abdomen
Pelvis
Pantorrillas
Pies

Ahora, observa el conjunto del cuerpo como un todo.
Respira durante unos minutos mientras te mantienes consciente de todo el cuerpo.

Nombrar las sensaciones: *el siguiente paso es usar el lenguaje basado en el cuerpo, que tiene como base el lenguaje sensorial, no los pensamientos ni los sentimientos. El lenguaje sensorial incluye palabras como caliente, frío, ligero, pesado, punzante, apagado, suave, plano, fuerte o silencioso, por nombrar algunas. Se basa en las sensaciones y, por lo tanto, quiere transmitir la experiencia de fenómenos como la temperatura, la energía, sonidos, olores, texturas, etc.*
Nombra un sentimiento del que seas consciente en este momento. Recuerda que sentimientos y pensamientos no son lo mismo. «No sé si estoy haciendo bien este ejercicio» es un pensamiento, mientras que «estoy confundida» es un sentimiento. Es posible que albergues más de un sentimiento ahora mismo, como es habitual en la mayoría de nosotros la mayor parte del tiempo. En caso de ser así, elige uno. Una vez que lo hayas identificado, responde las preguntas que siguen en relación con el sentimiento. Atiéndelas una por una.

- *¿En qué parte o partes del cuerpo siento esto?*
- *¿De qué color es esta sensación?*
- *¿Qué temperatura tiene esta sensación?*
- *¿Qué tipo de energía tiene esta sensación?*
- *¿Cuánto pesa esta sensación?*

- *¿Hay algún sonido que concuerde con esta sensación?*
- *¿Qué otras palabras son aplicables a esta sensación?*

Ahora, lleva la atención al entorno y desvincúlate de la práctica poco a poco. Escribe cualquier reflexión de la que quieras dejar constancia.

Este ejercicio te ayudará a conectar con los sentimientos y sensaciones presentes en tu cuerpo en cualquier momento dado. Practicar esta habilidad durante el día te ayudará a integrar la interocepción como un comportamiento automático. Y cuanto mayor sea tu conexión con las sensaciones corporales mejor podrás detectar y atender las necesidades del sistema nervioso.

Relatos automáticos

¿Sabías que tus pensamientos cambian en función de cuál es la vía que está más activada? ¡Así es! Tus pensamientos y tu manera de pensar están muy influidos por el estado de tu sistema nervioso autónomo (Dana, 2021).

Recuerda las cualidades de tu vía simpática. Piensa en todos los sentimientos y sensaciones corporales impulsados por esta vía en los momentos de estrés y saturación. Cuando sientes toda esa energía movilizadora, ¿qué suele pasar con tus pensamientos? ¿Son tranquilos y calmados? ¿O tienden a volverse más ansiosos, obsesivos o incluso catastróficos?

Ahora, examina lo que ocurre con tus pensamientos cuando se activa tu vía dorsal. Cuando te sientes en un estado apagado, contraído o deprimido, ¿cómo son tus pensamientos? ¿Felices y llenos de luz? Probablemente no.

Por último, pero no menos importante, piensa en tus patrones de pensamiento cuando es la vía ventral la que lleva la voz cantante. ¿Qué tipo de pensamientos tienes cuando te sientes en equilibrio, a gusto y en paz?

Imagino que has observado diferencias significativas entre cada vía. La razón de ello es que el estado de nuestro sistema autónomo determina nuestros *relatos automáticos*. Podemos considerar que los relatos automáticos son el tipo de pensamiento que se impone automáticamente según cuál sea el estado autónomo preponderante.

Si logramos ser conscientes de nuestros relatos automáticos tenemos la oportunidad de detectar señales e identificar el estado en el que estamos sumidos, lo cual nos permite tomar medidas. Por ejemplo, cuando noto que me cuesta pensar y que tengo pensamientos tristes, sé que mi cuerpo se encuentra en un estado de bloqueo dorsal. Cuando advierto esto, puedo aplicar alguna técnica para manejar la saturación y conectar más con la vía ventral. De esta manera contribuyo a la regulación del sistema nervioso autónomo y fomento la vuelta a un estado más equilibrado y calmado.

Por otro lado, cuando noto que mis pensamientos están centrados en la productividad, el logro y el éxito, sé que mi cuerpo se halla en un estado de activación simpática. En este caso, tal vez necesite tomarme un descanso, realizar alguna actividad de autocuidado o practicar mindfulness para regresar a un estado más relajado.

Ser conscientes de nuestros patrones de pensamiento y de la relación que guardan con nuestro estado autónomo subyacente puede ser increíblemente potente. Nos permite tener el control sobre nuestras reacciones y respuestas en lugar de que sean ellas las que nos controlen. Al entender la conexión existente entre nuestros pensamientos y nuestro estado autónomo podemos aprender a regular el sistema nervioso y generar un estado interno más equilibrado y armonioso.

Tus relatos automáticos

El propósito de este ejercicio es que conozcas tus relatos automáticos, con el fin de que puedas servirte de este conocimiento. Te llevará entre quince y veinte minutos realizarlo.

Encuentra un lugar en el que sentarte tranquilamente. Ten a mano algo para escribir.
Haz unas cuantas respiraciones conscientes para centrarte. Despierta tu curiosidad y proponte aprender.
Explorarás cada una de tus vías autónomas y los relatos que activan automáticamente. Procede ordenadamente; no abordes una nueva vía sin haber finalizado el trabajo con la anterior.

Relatos simpáticos

Recuerda todas las cualidades asociadas a tu vía simpática cuando se activa en respuesta a los estímulos amenazadores o estresantes. Consciente de estas cualidades, responde las preguntas siguientes:

- *¿Qué pienso de mí cuando esta vía está activa?*
- *¿Qué pienso de las otras personas?*
- *¿Qué pienso del estado del mundo?*

Relatos dorsales

Ahora, evoca todas las cualidades asociadas a la inmovilización dorsal. Cuando se activan las cualidades inmovilizadoras de la vía dorsal en respuesta a los estímulos amenazadores o estresantes, ¿qué pasa con tus relatos automáticos?

- *¿Qué pienso de mí cuando esta vía está activa?*
- *¿Qué pienso de las otras personas?*
- *¿Qué pienso del estado del mundo?*

Relatos ventrales

Finalmente, examina el carácter de tus pensamientos cuando te encuentras en el contexto de seguridad propio de la vía ventral. ¿Cómo son tus pensamientos automáticos en esta vía?

- *¿Qué pienso de mí cuando esta vía está activa?*
- *¿Qué pienso de las otras personas?*
- *¿Qué pienso del estado del mundo?*

Reflexiona sobre los relatos que has descubierto respondiendo las preguntas que siguen:

- *¿Qué relatos automáticos me influyen más?*
- *¿Cómo impactan estos relatos en mí, en mis seres queridos y en la manera en que percibo el mundo?*
- *¿Qué relatos me resultan útiles? ¿Los hay que me perjudiquen?*
- *¿Qué he aprendido sobre mis relatos automáticos con este ejercicio?*

Prosigue con este trabajo estableciendo la intención de hacerte más consciente de tus relatos a lo largo del día. Puedes programar recordatorios para fijarte en ellos a lo largo de la jornada.

Aprender a identificar y reconocer tus relatos automáticos puede ayudarte a definir tu perfil autónomo. Tus relatos automáticos contienen información y datos, y puedes servirte de ellos de varias maneras si aprendes a conectar con ellos. Por ejemplo, si advierto que mi relato simpático está presente, puedo usar el ejercicio de conectar con la neurocepción o la técnica RESET del capítulo cuatro para evaluar la validez de dicho relato y fomentar el equilibrio emocional. Puedo usar este relato como un indicador de que me conviene frenar.

Reconoce que si los pensamientos cambian en relación con las vías autónomas, esto es indicativo de que los relatos cargados de las vías dorsal y simpática no se corresponden con la realidad, probablemente, sino que tu pensamiento está influido por el estado de tu sistema nervioso. Si los pensamientos que tienes en el contexto de las respuestas de estrés expresasen realmente la verdad, no cambiarían según cómo te sientes en el momento. La verdad es la verdad y no cambia según el estado de la neurobiología. Por lo tanto, el hecho de reconocer que tus patrones de pensamiento tienden a cambiar en relación con tus vías autónomas puede ofrecerte una dosis de realidad cuando la necesites.

Cuestionar las suposiciones

Los relatos activados por nuestras vías autónomas pueden provocarnos mucho sufrimiento. Cuando las respuestas de estrés toman el control, nuestra mente puede desbocarse. Todos conocemos el parloteo mental constante que no para de hacer comentarios, nos impone relatos, sueña despierto, tiene pensamientos aleatorios y formula opiniones. Esto es lo que se supone que debe hacer la mente.

La mente y el cuerpo se influyen constantemente en un ciclo cerrado. Por ejemplo, nuestro sistema nervioso autónomo puede reaccionar ante una señal de peligro y activar una vía protectora. Esta vía, a su vez, promueve un relato automático. Mientras estamos ahí pensando en que no podemos gustar a nadie o en lo terrible que es el mundo, estos pensamientos tienen un impacto en nuestra vía autónoma. Se convierten en combustible para el fuego. El sistema nervioso autónomo responde, la mente responde, y seguimos dando vueltas en círculo.

Es posible intervenir en diversas fases del proceso. Las técnicas presentadas en el capítulo seis están centradas en el cuerpo sobre todo. Pero también podemos usar estrategias cognitivas para calmar la reacción de la mente. Una de ellas es cuestionar nuestras suposiciones.

Podemos recuperar el control sobre las respuestas autónomas y activar el freno vagal si examinamos la veracidad de los pensamientos y creencias que tenemos sobre una situación dada (Denson *et al.*, 2011). Esta es una manera de decir: «Espera un momento. ¿Estoy pensando bien? ¿Podría haber otras explicaciones? ¿Cuáles son los hechos?». Cuestionar las suposiciones consiste en esto exactamente, en poner en duda el propio punto de vista o los propios pensamientos y buscar explicaciones alternativas. Por ejemplo, si alguien se cuela delante de ti en una fila, una respuesta emocional sería suponer que este comportamiento se debe a que esa es una persona grosera y horrible. Si este es tu juicio instantáneo, esta creencia podría activar una reacción automática; podrías experimentar una oleada de enojo, enfrentarte a la persona o quedarte allí sin hacer nada pero echando humo por las orejas. Tu sistema nervioso autónomo estaría actuando automáticamente y haría que tu mente creyese cosas que no son ciertas.

En situaciones como esta es pertinente ver en qué estado se encuentra el sistema nervioso. En este caso deberías activar el freno vagal, apaciguar tus emociones y tomar en consideración explicaciones alternativas. Aprender a ralentizar la respuesta requiere reprimir en cierta medida la reacción autónoma y darle tiempo al cerebro para reevaluar la situación. Tal vez te des cuenta de que la persona que se ha colado delante de ti tiene la vista afectada, ¡así que literalmente no ha podido verte! O tal vez observes que lleva a cuestas un niño que está gritando, por lo que, comprensiblemente, está un poco desconectada del entorno. Entonces le dices amablemente: «Hola, la fila en realidad empieza aquí atrás». Avergonzada, la persona se disculpa y enseguida se pone al final de la fila. Resulta que no estaba tratando de ignorarte a propósito, desafiar las normas sociales ni ser grosera.

Nuestro sistema nervioso está diseñado para protegernos, debido a lo cual tenemos incorporado algo llamado *sesgo de negatividad*. El sesgo de negatividad es la tendencia de «los adultos a mostrar un sesgo negativo, o la propensión a detectar, valorar y usar mucho más la información negativa que la positiva» (Vaish *et al.*, 2008). El sesgo de negatividad explica por qué tenemos el impulso de fijarnos en lo negativo, pasar por alto lo positivo y llegar a conclusiones apresuradas. Como la neurocepción siempre está buscando señales para predecir el peligro y protegernos de él, tiene sentido que nuestro sistema nervioso esté orientado a la búsqueda de amenazas. Sin embargo, nuestro sistema nervioso autónomo puede esmerarse demasiado en esta tarea y no dejarnos ver las alternativas no amenazantes, o la realidad en sí.

Aquí hay algunos otros escenarios habituales en los que podría ser beneficioso cuestionar las suposiciones:

- Tu jefe critica algún aspecto de tu desempeño. Te lo tomas de manera personal y piensas que eres horrible, por lo que te vienes abajo durante el resto de la semana. La verdad puede ser que tienes que rendir cuentas por no cumplir una fecha límite, y esa crítica es una oportunidad para mejorar.
- Tu suegra te lanza una mirada extraña en la mesa mientras estáis cenando. Interpretas que piensa mal de ti y de tu forma de cocinar, por lo que te sientes de mal humor durante el resto de la cena. La verdad podría ser que tiene indigestión y esa mirada se haya debido al dolor estomacal.
- Estás en la habitación de un hotel, con un poco de ansiedad porque nunca has estado ahí y no hay nadie contigo. Oyes voces fuertes en el pasillo y tu cerebro empieza a imaginar escenarios en los que te secuestran para pedir un rescate. Consigues dormir cuatro horas solamente y al día siguiente te sientes fatal. La realidad es que los ruidos fuertes los produjeron unos niños que estaban jugando a perseguirse.

Cuestionar las suposiciones no significa ignorar las señales de peligro que deben tomarse en serio. A veces un ruido fuerte es algo que debe preocuparnos y una mirada extraña indica que alguien tiene la intención de hacernos daño. Sin embargo, dado que nuestro cerebro tiende a favorecer la interpretación de que existe un peligro, comprobar si la reacción automática está justificada puede ser útil en muchas situaciones. Las defensas autónomas son la expresión de procesos neurobiológicos complejos que en ocasiones eluden las comprobaciones. Constituyen nuestro instinto de supervivencia, por lo que es difícil desactivarlas. Ante este hecho, cuestionar las suposiciones es una forma de responder a las situaciones en lugar de reaccionar ante ellas.

Identifica alternativas

La próxima vez que notes que las sensaciones desagradables se están incrementando y que tus defensas autónomas están empezando a manifestarse, intenta interrumpir esta activación por un momento y hacerte estas preguntas:

- ¿Cuál es la suposición o predicción que está realizando mi cerebro? (Por ejemplo: «estoy en peligro», «soy una persona pésima», «no les gusto», «son malas personas»).
- ¿Podría ser que no estuviese en lo cierto?
- ¿Existen explicaciones alternativas?
- ¿Qué pruebas tengo de que esta suposición o predicción se corresponde con la realidad?

Tal vez

Llevo varias décadas estudiando el budismo y la filosofía del yoga. En estos campos he encontrado una gran cantidad de estrategias no solo para regular mi neurobiología, sino también para comprender las complejidades de la vida. Hay una historia en concreto que conocí hace algún tiempo y que ha tenido un gran impacto en mi manera de pensar, lo cual a su vez ha sido beneficioso para mi capacidad de recuperar el equilibrio emocional. Esta historia destaca la importancia de abstenerse de efectuar suposiciones y llegar a conclusiones con demasiada rapidez. Como nuestras vías autónomas y nuestros relatos automáticos pueden influir tanto en nuestra percepción, esta historia nos recuerda la importancia de desacelerar y cuestionar nuestras apreciaciones.

Había una vez un granjero cuyo caballo se escapó. Sus vecinos fueron a expresarle su tristeza por la situación:

—¡Lamentamos mucho que se te haya escapado el caballo! ¡Es terrible! —dijeron.

El granjero hizo un solo comentario:

—Tal vez.

Al día siguiente, el caballo regresó, pero no lo hizo solo. Apareció acompañado por varios caballos más. Los vecinos del granjero volvieron a visitarlo y le dijeron, alegres:

—¡Qué suceso tan afortunado y maravilloso! ¡Ahora tienes más caballos que antes!

El granjero replicó:

—Tal vez.

A la mañana siguiente, el hijo del granjero intentó montar uno de los caballos nuevos. El caballo lo lanzó y el muchacho se rompió una pierna. Los vecinos volvieron a expresar lo mucho que lamentaban la situación:

—¡Qué tragedia! —dijeron.

Y, de nuevo, el granjero comentó:

—Tal vez.

Al día siguiente, un grupo de soldados pasó por el pueblo para reclutar jóvenes para servir en el Ejército. Al ver que el chico tenía la pierna rota, no lo incorporaron.

—¡Qué suerte tan grande! —exclamaron los vecinos cuando se enteraron.

—Tal vez —dijo el granjero.

La lección que contiene esta historia es que nunca sabemos realmente cómo resultará algo, aunque a menudo nos apresuramos a juzgar los sucesos o avatares como buenos o malos, afortunados o desafortunados. Podemos dar las gracias a la neurocepción y a nuestros sesgos naturales por estos juicios rápidos; solo ocurre que nuestro sistema de vigilancia interno lanza avisos inmediatos a partir de la información que tiene disponible. Sin embargo, como podemos aprender de esta historia, muchas veces estas evaluaciones rápidas no son precisas.

La próxima vez que te des cuenta de que estás haciendo suposiciones sobre si algo es bueno o malo, recuerda esta historia y di mentalmente: «Tal vez». Cuando recordamos que el futuro aún está por venir y que todo puede cambiar, podemos recuperar cierto control sobre las reacciones automáticas ante los sucesos y circunstancias que nos apresuramos a juzgar como peligrosos, desafortunados o desastrosos. Recordarte que las cosas podrían ir de otra manera diciendo o pensando «tal vez» es una forma de volver a la realidad y calmar el pánico interno activando en cierto grado la vía ventral.

Modificar el volumen

Una vez que sabemos identificar nuestras respuestas autónomas, sentimientos y sensaciones corporales, es mucho más fácil que podamos usar técnicas para movernos con flexibilidad entre las vías autónomas. Esto significa que podemos aplicar mejor las técnicas de regulación emocional para mitigar el estrés y la saturación. Aunque nuestras vías autónomas tienden a reaccionar rápidamente y tenemos un control limitado sobre ellas, es mucho lo que podemos hacer ante nuestras reacciones. La regulación emocional consiste precisamente en usar conscientemente técnicas y estrategias para trabajar con el nervio vago y el sistema nervioso autónomo.

A veces pienso en mi sistema nervioso autónomo como si fuese la rueda de volumen de un estéreo. Y yo tengo el poder de modificar el volumen. Asocio el volumen «demasiado alto» con una vía simpática muy activada y en estado de alerta total. Tal vez esté experimentando ansiedad e inquietud, tenga el corazón acelerado y la energía desbordada. Toda esa energía movilizadora es «ruidosa», y hago algo para reducir el volumen a un nivel tolerable.

De manera similar, cuando el volumen está «demasiado bajo», experimento la experiencia de bloqueo y aplastamiento característica de la inmovilización dorsal. Puede ser que me sienta totalmente desprovista de energía, abatida y por los suelos. En estas situaciones, necesito subir el volumen para poder reconectar con la vida y sentirme bien.

Tú también puedes hacer algo para activar el nervio vago y modificar el volumen de tus vías autónomas. Para ello, tienes que saber de qué maneras puedes influir en el volumen.

Bajar el volumen

Cuando notes que estás sintiendo la presión y el ruido del desbordamiento simpático, es el momento de bajar el volumen, es decir, de mitigar la intensidad de la movilización simpática o salir de esa movilización. Puedes hacerlo recurriendo a ciertas técnicas o actividades.

No existe un conjunto finito de actividades ni hay unas técnicas correctas o incorrectas cuando se trata de bajar el volumen. Cada uno de nosotros es único y, por lo tanto, elige una serie de técnicas para reducir el ruido, que es probable que cambien con el tiempo. A veces necesitamos movernos y quemar energía para aplacar la movilización simpática, mientras que otras veces puede ser que necesitemos aquietarnos. Concéntrate en técnicas que activen tu freno vagal y, así, potencien tu conexión con la vía ventral.

Algunas de las técnicas a las que recurro para bajar el volumen son paseos en silencio por un entorno natural, el yoga, recibir un masaje, darme un baño o el suspiro fisiológico que se presenta en el capítulo seis. Pero a veces lo que me pide el sistema nervioso es que descargue toda esa energía «ruidosa». Entonces quizá vaya al gimnasio y me ejercite con intensidad; o tal vez baile, grite en el espacio privado que me brinda mi auto o ponga una música que se corresponda con mi estado de ánimo. En lugar de centrarte en un conjunto de técnicas específico, concéntrate en las emociones y las sensaciones presentes en tu cuerpo y procura percibir, intuitivamente, qué requieren de ti.

Tómate un tiempo para recopilar una lista de estrategias para bajar el volumen. Ve añadiendo elementos a la lista a medida que encuentres nuevos recursos útiles. Te irá bien hacer la lista ahora; así, cuando estés al límite o seas presa del agobio, tendrás un conjunto de herramientas a tu disposición. La sobrecarga simpática podría impedirle a tu cerebro recordar estas estrategias; por lo tanto, anótalas y tenlas a mano para que la próxima vez que necesites bajar el volumen dispongas de un repertorio de técnicas entre las que poder elegir.

Subir el volumen

Mientras que bajar el volumen te ayudará a salir de los estados simpáticos de lucha o huida, aprender a subir el volumen puede ayudarte a salir de los estados de inmovilización dorsal.

Cuando se activa nuestra vía dorsal debido al miedo o a un peligro percibido, podemos sentirnos como si el volumen estuviese demasiado bajo. Tal vez experimentemos dolor, vacío y soledad mientras nos hundimos interiormente y desconectamos de la percepción del cuerpo.

Cuando nos encontramos en este estado, la manera de subir el volumen suele ser moverse y conectar con otras personas o animales. Te entiendo; cuando estás en medio de la inmovilización dorsal, lo último que quieres hacer es moverte. Pero es una forma segura de subir el volumen. Haz que tu cuerpo se mueva, aunque no tengas ganas. Pon música, baila y canta. Haz veinte saltos de tijera. Sal a caminar deprisa. Juega con tu perro. Todas estas actividades aumentarán tu frecuencia cardíaca a la vez que activarán tu nervio vago, lo que te ayudará a salir del estado de apagado dorsal.

Relacionarte con personas bondadosas o con animalitos adorables y cariñosos es también una manera excelente de subir el volumen. Cuando te encuentras en un estado dorsal, es posible que te sientas muy poco sociable, pero te irá bien hacer el esfuerzo de conectar con alguien. Llama a un amigo; sal a un espacio público y, de forma intencionada, establece contacto visual con las demás personas y regálales una sonrisa, o queda con alguien que también tenga perro para pasar un buen rato en el parque canino. La conexión puede obrar magia; es una estrategia potente para subir el volumen cuando estamos atrapados en el bloqueo dorsal.

Tómate un tiempo para hacer una lista de estrategias que suban el volumen; algunas que podrías incluir son el mindfulness, la meditación, el movimiento, la conexión o cualquier otra que te haya resultado efectiva o que creas que será eficaz. Experimenta y añade elementos a la lista a medida que descubras nuevas formas de subir el volumen. Ten la lista a mano, para salir más fácilmente del estancamiento cuando sea necesario.

Resumen y aspectos clave

- Este capítulo se ha centrado en las técnicas de activación del freno vagal en momentos de sobrecarga emocional.
- Las técnicas que trabajan con la mente y el cuerpo son extraordinariamente útiles para este propósito.
- La interocepción es la capacidad de conectar con las señales y sensaciones corporales y está vinculada al funcionamiento vagal y la regulación emocional. La interocepción es la capacidad de notar e identificar lo que sentimos en el cuerpo.
- Pensamientos, creencias y sentimientos no son lo mismo, pero están relacionados. Aprender a

distinguir entre unos y otros es un punto de partida importante para ejercer la interocepción.

- Hemos visto el lenguaje del cuerpo y cómo puedes perfeccionar tus habilidades interoceptivas cuando aprendes a describir las sensaciones corporales.
- Aprender a cuestionar las suposiciones, reevaluar las situaciones y buscar explicaciones alternativas es un medio para activar el freno vagal y apaciguar un sistema nervioso saturado.
- Aprender a observar y cuestionar los relatos automáticos es una magnífica estrategia reguladora. Tomar conciencia de los relatos automáticos también es una excelente manera de influir en el estado emocional.
- «Modificar el volumen» es una analogía que uso en el trabajo con las vías autónomas. Es útil elaborar una lista con estrategias para modificar el volumen del sistema nervioso.
- Puedes «modificar el volumen» de tu sistema nervioso afinando la conciencia y utilizando hábilmente técnicas para regular las vías autónomas.

Capítulo 8

El sistema de conexión social

La teoría polivagal ofrece una gran cantidad de conocimientos sobre cómo funciona nuestro sistema nervioso y sobre cómo responde a las señales de peligro y seguridad; también sobre lo que necesita para operar de manera óptima. Pero este libro estaría incompleto si no incluyera otro aspecto importante contemplado por esta teoría: el poder de la conexión.

«Conectarnos y corregular con otros es un imperativo biológico» (Porges, 2017). Esta cita de Stephen Porges nos da pie a empezar a hablar del llamado *sistema de conexión social*. El sistema de conexión social es lo que nos permite conformar relaciones y establecer conexiones. En parte, depende del nervio vago, y es esencial tenerlo en cuenta si pretendemos servirnos de los conocimientos de la teoría polivagal para mejorar nuestra vida.

Tú, querido ser humano, estás configurado para conectar con los demás. Tu sistema nervioso está diseñado para que socialices, hagas amigos, te enamores y anheles la conexión. Por más introvertidos que podamos ser, nadie vive bien aislado de los demás. Los humanos somos criaturas sociales, y la sociabilidad nos ayuda a lidiar con la vida. Los lazos sociales nos permiten encontrar seguridad en la colectividad, formar sociedades, aprender y desarrollarnos. A diferencia de animales como las tortugas marinas, que nunca conocen a su madre, los humanos necesitamos la conexión no solo para sobrevivir, sino también para desarrollarnos plenamente. Y uno de los elementos a los que tenemos que dar las gracias por ayudarnos a crear relaciones y beneficiarnos de ellas es el nervio vago.

¿Te acuerdas de la primera vez que el amor te dio una «patada de kárate» en el corazón? ¿No fue horrible? Recuerdo al primer novio que me rompió el corazón. Tenía dieciséis años y pensaba que Craig era el amor de mi vida. En aquella etapa de la adolescencia en que tenía las hormonas disparadas y estaba embriagada por el deseo creí que él era el hombre ideal para mí. Pero cuando llevábamos cuatro meses saliendo, Craig desapareció. Se volvió una especie de fantasma y dejó de hablarme. Recuerdo la angustia que sentí sentada sola en mi habitación, escribiendo su nombre una y otra vez en mi diario entre corazones y flechas, derramando lágrimas sobre las páginas. El dolor que sentía cuando pasaba por mi lado en los pasillos del instituto sin reconocer mi existencia fue una experiencia visceral. Craig había terminado conmigo, y mi sistema nervioso se sintió confundido y abandonado por un chico por primera vez en mi vida. Fue desgarrador.

Si no fuera porque soy un ser humano con un sistema nervioso diseñado para conectar, quizá habría renunciado a salir con más chicos después de Craig. Tal vez habría dicho: «¿Sabes qué? Esto es demasiado doloroso. Se acabaron las citas». Pero como mi sistema nervioso está configurado para participar en vínculos sociales, decidí volver a intentarlo. Me rompieron el corazón una y otra y otra vez hasta el principio de la treintena. Ahora estoy casada con un hombre increíble que jamás me ignoraría de esa manera, pero que quizá algún día me rompa el corazón. Las personas cambian, se producen divorcios y al final todos morimos, por lo que es probable que en algún momento uno de los dos le rompa el corazón al otro. Pero aunque existe este riesgo, y las probabilidades de que experimentemos un gran dolor aumentan cuanto más apegados y conectados estamos, el poder del amor es superior al riesgo. Este es el poder del sistema de conexión social.

Sin embargo, este sistema no tiene que ver con el enamoramiento solamente. Juega un papel en todas las relaciones que tenemos, ya sea con parejas, familiares, colegas o mascotas. Cada vez que entramos en contacto con un mamífero, el sistema de conexión social contribuye a determinar el grado en que estamos conectados con ese ser y cómo nos sentimos en relación con él. Piensa en la ansiedad que te puede suscitar un jefe tóxico, o en la calidez que experimentas en tu interior cuando un amigo te comprende, o en la felicidad que te inunda cuando llegas a casa y ves a tu perro extasiado, moviendo la cola embargado por la alegría. Todo esto es posible gracias a tu neurobiología y al nervio vago.

Para nosotros, la relaciones son como el agua. No podemos vivir sin ellas si queremos realizarnos. Cuando nos sentimos seguros con alguien, somos capaces de hacer grandes cosas. De igual modo, cuando alguien se siente seguro con nosotros, le estamos ofreciendo un recurso inestimable. Por el contrario, cuando nos sentimos inseguros con alguien o alguien se siente inseguro con nosotros, las cosas se complican y se dan situaciones caóticas, conflictivas e incluso peligrosas. Tenemos la capacidad de establecer relaciones seguras gracias al nervio vago, entre otros factores. Por lo tanto, adentrémonos en el poder de nuestro sistema de conexión social y exploremos su relación con el bienestar emocional.

La seguridad ante todo

Todas las relaciones saludables se basan en un factor clave: la seguridad.

Piensa en todo lo que has aprendido sobre lo relevante que es la seguridad para las vías autónomas. Cuando sentimos que no hay ningún peligro al acecho, podemos florecer. La seguridad nos permite anclarnos en la vía ventral, que es la vía que debe tener el protagonismo para que podamos ser nuestra mejor versión. Cuando nos sentimos seguros con otra persona, las consecuencias son muy positivas.

Cuando experimentamos suficiente seguridad con alguien, podemos ser un buen amigo, un buen compañero y un buen ser humano. Cuando nos sentimos seguros, podemos reír, jugar, bromear, escuchar de verdad al otro y compartir vivencias delicadas. Podemos ser creativos, colaborar y resolver problemas. Todo esto es posible gracias a la seguridad. La seguridad da lugar a relaciones, familias, equipos y sociedades muy productivos y creativos.

La seguridad también nos brinda más recursos de protección. ¿Has oído alguna vez el dicho «la seguridad está en los números»? Tener un grupo, un equipo o al menos otro ser humano cerca con el que nos sintamos seguros hace que tengamos más probabilidades de sobrevivir. Cuando los humanos vivíamos en cuevas, sentirnos seguros con otras personas nos permitía descansar con la confianza de que uno de nuestros hermanos o hermanas vigilaba la entrada y atendía el fuego. Cuando las unidades policiales de élite de los Estados Unidos (los equipos SWAT) entran en un edificio, los miembros de la unidad entran juntos, para cubrirse las espaldas unos a otros. Y cuando estamos enfermos y no podemos salir a comprar un remedio, la seguridad se manifiesta como alguien a quien podemos llamar para que nos haga el favor de comprarlo por nosotros y traérnoslo.

La seguridad también nos permite mostrarnos vulnerables. Piensa en el grado de seguridad que tienes que experimentar con una persona para contarle algunos de tus pensamientos y vivencias más oscuros, dolorosos e incómodos. La mayoría de nosotros encontramos difícil mostrarnos vulnerables porque la vulnerabilidad en sí misma no está nada asociada a la seguridad. Pero cuando alguien recibe nuestra vulnerabilidad con empatía, amabilidad y tacto, podemos compartir nuestra historia y sentirnos menos solos.

Esto no significa que no podamos establecer vínculos y relaciones con personas que no contribuyen a nuestra sensación de seguridad. La violencia doméstica, la codependencia, los vínculos traumáticos y la lealtad al agresor son ejemplos de la confusión en la que se puede sumir el sistema de conexión social. Es posible que nuestro círculo incluya personas con las que no nos sentimos seguros, pero en este caso es probable que estas relaciones no estén contribuyendo a nuestra salud y nuestro bienestar. Más bien representan, seguramente, una amenaza para nuestra salud física y psicológica, debido al estrés, la preocupación y el miedo que suscitan en nosotros, y al peligro que implican. ¿Por qué permanecemos atrapados en estas dinámicas poco saludables, entonces? Porque la necesidad de conexión es superior al peligro que conlleva permanecer en estas relaciones. Estamos diseñados para conectar, y por ello, a veces, nuestro anhelo de conexión nos lleva a relaciones que no son ideales para nosotros.

Por tanto, puede ser que permanezcamos conectados a alguien que no es bueno para nosotros, sí. Pero para que una relación contribuya a nuestra resiliencia, la seguridad tiene que estar presente. Esta seguridad tiene que ser firme y constante. Si no está presente, esa relación marcada por la inseguridad nos ocasionará mucho sufrimiento físico y psicológico, porque nuestras vías autónomas de defensa estarán constantemente activadas.

El poder de la seguridad

Este es un ejercicio de introspección en el que examinarás lo importante que es la seguridad en tus relaciones. Explorarás cómo os afectan a ti y a tu sistema nervioso las relaciones seguras e inseguras. Tardarás unos quince minutos en hacerlo. Te recomiendo tener a mano el perfil autónomo que definiste en el capítulo tres para poder consultarlo.

Busca un espacio tranquilo y confortable en el que puedas reflexionar sin sufrir interrupciones. Ten un cuaderno a mano para escribir.

Haz unas cuantas respiraciones y céntrate. Puedes cerrar los ojos y dirigir la atención al cuerpo durante un minuto más o menos con la intención de relajarte.

Ahora evocarás una a una a tres personas que activan tus vías autónomas.

Para empezar, piensa en alguien que active tu vía dorsal. Puede ser alguien del pasado o de tu vida actual que te haga cerrarte o retraerte; alguien en cuya presencia te sientes más pequeño, tímido o inseguro. Reflexiona sobre el carácter de esta persona y lo que hay en ella y en sus comportamientos que activa tu sistema dorsal. ¿Cómo ha afectado o afecta a tu vida esta persona? ¿Cómo te sientes respecto a ella?

Ahora piensa en alguien que active tu vía simpática; alguien que haga que tu sistema nervioso se sienta en tensión, con ansiedad y alterado. Reflexiona sobre el carácter de esta persona y lo que hay en ella y en sus comportamientos que activa tu sistema simpático. ¿Cómo ha afectado o afecta a tu vida esta persona? ¿Cómo te sientes respecto a ella?

Por último, reflexiona sobre alguien con quien experimentes una sensación de seguridad y conexión. Es alguien con quien puedes mostrarte vulnerable, reír y jugar; alguien con quien te sientes más alegre y en paz. Esta persona activa tu vía ventral. Reflexiona sobre su carácter y lo que hay en ella y en sus comportamientos que activa tu sistema ventral. ¿Cómo está afectando a tu vida esta persona?

A partir de tus reflexiones, responde las preguntas siguientes:

- *¿Cómo fomentan o menoscaban estas relaciones mi salud emocional y física?*
- *¿Cuál es el coste de las relaciones que activan constantemente mis vías dorsal y simpática?*
- *¿Qué beneficios me aportan las relaciones que apoyan mi conexión con la vía ventral?*

Antes de concluir este ejercicio, prométete mantener la curiosidad y reflexionar sobre la calidad de tus relaciones y cómo influyen en tu nervio vago.

El superpoder de la corregulación

¿Sabías que tienes un superpoder? Se llama *corregulación*.

La corregulación es la capacidad de regular a otra persona. ¡Así es! Tu sistema nervioso puede influir en el sistema nervioso de los demás.

Cuando pones una mano sobre el hombro de un amigo que está llorando o meces a un bebé para que se duerma, estás proporcionando corregulación. Cuando un colega te trae un poco de chocolate y te dice «parece que necesitas un tentempié», te está ofreciendo corregulación. Y cuando tu perro apoya su cabeza en tu regazo mientras lloras, está tratando de corregularte. La corregulación es algo verdaderamente poderoso y fascinante que los seres sociales –los humanos y los perros sobre todo– nos ofrecemos unos a otros. Y cuando aprendemos a usarla intencionadamente, sacamos partido de este superpoder y hacemos del mundo un lugar más seguro.

La corregulación también nos ayuda a producir oxitocina, a la que se llama «la hormona de los abrazos». Es una sustancia química que nos hace sentir bien y que podemos liberar después de un orgasmo, al reírnos a gusto o al permanecer acurrucados con un ser querido. La oxitocina juega un papel importante en la formación de los primeros circuitos neuronales, en el vínculo entre el bebé y la madre, y en nuestra capacidad para establecer relaciones sociales saludables (Muscatelli *et al.*, 2022). Nuestro cuerpo fue diseñado literalmente para obtener beneficios de las relaciones, como lo demuestra esta droga natural y placentera que producimos en respuesta a las conexiones seguras.

La corregulación allana el camino hacia la autorregulación. La capacidad que tenemos de regularnos como adultos depende de la cantidad de regulación que obtuvimos en la infancia. Si recibiste mucha corregulación de niño, probablemente aprendiste habilidades y comportamientos que te ayudaron a regular tus vías autónomas y a fortalecer el tono vagal. Aunque hay muchos otros factores que pudieron influir en tu desarrollo, la corregulación fue uno de los más importantes. Probablemente tu madre no pensaba «estoy meciendo a mi hijo/a y, al hacerlo, le estoy ayudando a fortalecer su tono vagal y su resiliencia autónoma», pero desde el punto de vista neurobiológico estaba haciendo justamente eso.

No te tomes esto como un mensaje fatalista. Muchas de las personas que lean estas palabras tuvieron unos padres y cuidadores menos que ideales; de hecho, es muy posible que esta sea una de las razones por las que sientes que necesitas la información contenida en este libro. Te prometo que tú también puedes desarrollar la flexibilidad vagal y tener un sistema nervioso autónomo resiliente.

Por suerte, el sistema nervioso cuenta con algo llamado *neuroplasticidad*. La neuroplasticidad es la capacidad que tiene el sistema nervioso de remodelarse a sí mismo. Suena genial, ¿verdad? A medida que obtenemos nuevos aprendizajes, nuestro sistema nervioso se va viendo «modificado por los estímulos del entorno» (Innocenti, 2022). Nuestro cerebro y nuestro sistema nervioso están cambiando y reestructurándose constantemente. No cabe duda de que, como persona adulta, no tienes el mismo cerebro que tenías cuando eras un bebé. Y desarrollas nuevas redes neuronales a medida que aprendes nuevas habilidades y conductas. El hecho de que tu sistema nervioso tenga la capacidad de cambiar y adaptarse significa que, aunque tu infancia fuese difícil, como persona adulta puedes aprender habilidades que te permitan manejar mejor tus vías autónomas. Una de ellas consiste en usar el poder de la corregulación.

La corregulación tiene lugar a través de las muchas maneras en que nos proporcionamos seguridad, cuidado y consuelo unos a otros. Podemos ofrecer corregulación a través de las palabras que usamos, el tono de nuestra voz, nuestros gestos, nuestras expresiones faciales y nuestro lenguaje corporal. Podemos dar corregulación con un suspiro oportuno acompañado de una mirada tierna que le transmitan a la otra persona que nos importa y que comprendemos sus sentimientos. O con un abrazo cálido que le recuerde que no está sola. O quizá sea ofreciéndole un hombro en el que llorar y las palabras «siento mucho que estés pasando por esto» como le expresemos empatía e interés a otra persona.

Proporcionar corregulación es parecido a lanzar un salvavidas a alguien que está abrumado por la activación simpática o hundiéndose en la inmovilización dorsal.

Es una forma de apoyarnos mutuamente compartiendo nuestros recursos neurobiológicos. La corregulación no suele requerir mucho; un pequeño acto puede suponer una gran diferencia. Si conoces la corregulación, puedes usar esta habilidad con tus seres queridos y buscarla cuando seas tú quien la necesite.

Veamos algunos ejemplos de corregulación para que puedas hacerte una mejor idea de las pequeñas y grandes formas en que podemos corregularnos unos a otros:

- Sonreírle a alguien y expresarle que te importa con tu tono de voz y tus palabras.
- Darle un abrazo a tu pareja cuando está triste.
- Confortar a tu hijo o a tu mascota cuando tiene miedo.
- Llamar a un amigo cuando necesitas que alguien te dé ánimos.
- Hablar con una voz calmada y reconfortante a una persona enojada y alterada.
- Acercarte con empatía a un amigo que está llorando o compartiendo una vivencia delicada.
- Decirle «no pasa nada» a tu hijo con un tono cálido mientras le están poniendo una vacuna.

Basta con que observes las interacciones que mantenemos para hacerte una buena idea de las muchas maneras en que nos corregulamos unos a otros, tanto a través de pequeñas manifestaciones como a través de grandes actos. Fíjate en las formas en que ofreces corregulación espontáneamente y en que la recibes. Siendo más consciente del poder de la corregulación, comenzarás a verla en todas partes, y podrás empezar a usarla de manera intencional.

El sistema nervioso contagia su estado

Para sentir que estás en un entorno seguro y contribuir a crear un entorno así, necesitas que tu nervio vago se una a la fiesta. Si tu freno vagal no obrase su magia, podrías perder el control con tu adolescente en una situación que te resultase frustrante. O podrías desmayarte al mantener un conflicto con tu jefe. Quizá no podrías reprimir el impulso de hacerle un gesto grosero a alguien y gritarle unas palabrotas por haberte «quitado» el lugar en el que pensabas aparcar. Si tu nervio vago no estuviese ahí para darte acceso a la vía ventral, podrías enviar señales aterradoras a compañeros de trabajo, a familiares y a cualquier extraño en el supermercado.

Mi capacidad para ser una buena amiga, pareja y mamá perruna se desploma cuando no estoy en contacto con mi vía ventral. Cuando mi vía simpática está en marcha a muchas revoluciones, me cuesta escuchar, concentrarme y manejar la ansiedad. En el otro extremo, cuando me encuentro en medio de la inmovilización dorsal, lo último que quiero hacer es convivir con otras personas. Es más probable que cancele planes para cenar o que no responda a llamadas o mensajes. Estoy segura de que me comprendes, al menos hasta cierto punto. Mi cambio de comportamiento no se debe a que sea una mala persona, a que tenga un temperamento grosero o a que no me importen los demás. Se debe a mi neurobiología. La cruda verdad es que nuestras vías autónomas cambian nuestro estado de ánimo y nuestra capacidad para conectar con los demás. Sencillamente, no somos la mejor versión de nosotros mismos cuando no es la vía ventral la que dicta nuestro estado.

Al reflexionar sobre el impacto que tienen las vías autónomas en nuestras relaciones, no podemos ignorar el eco de este impacto en las sociedades, las comunidades y la humanidad en general. Piensa en cómo la falta de regulación autónoma de un líder mundial influye en las decisiones que toma sobre políticas y la forma de gestionar los conflictos. Piensa en cómo un policía que está permanentemente abrumado por la activación simpática es más propenso a percibir a las personas como hostiles y a reaccionar en lugar de responder. Piensa en cómo un padre que no recibió corregulación en su infancia y alberga traumas no resueltos desde hace años puede perpetuar el patrón de la falta de corregulación con su hijo.

Las relaciones pueden ser lo mejor o lo peor para nosotros, según si nos ofrecemos regulación y seguridad unos a otros o no. El hecho de que podamos influir tan fácilmente en el sistema nervioso de los demás garantiza que siempre estaremos interconectados como especie. Sea cual sea nuestro lugar de nacimiento, el color de nuestra piel, la cantidad de dinero que ganemos o el partido al que votemos; sea quien sea a quién amemos o sean cuales sean nuestras creencias religiosas, formamos parte del tejido de la humanidad. La teoría polivagal y el sistema de conexión social resaltan este hecho como una obviedad. Como criaturas diseñadas para crear vínculos sociales, tenemos el poder de usar esos vínculos con finalidades positivas. Pero si nos relacionamos con los demás con las vías autónomas desajustadas, nuestra desregulación puede influir en todos quienes nos rodean. El estado de nuestra neurobiología es contagioso. Por lo tanto, debemos ser conscientes de lo que estamos transmitiendo.

Las vías autónomas y tu sistema social

Piensa en el tipo de amigo, pareja, padre, madre o colega que puedes ser cuando estás en medio de la movilización simpática o la inmovilización dorsal debido al estrés, el miedo o la sensación de peligro. Como estas vías influyen en tantos sistemas corporales, es normal y natural que no seas tu mejor versión cuando tus vías defensivas toman el control. Las vías autónomas influyen en tu capacidad de escuchar, mostrar interés, transmitir empatía, recordar eventos importantes como el cumpleaños de alguien, calmar a otra persona cuando está alterada y mandar señales de seguridad. Usa este ejercicio para reflexionar al respecto y ver mejor el impacto que puedes tener en los demás cuando eres presa del estrés o cuando no eres una persona nada comunicativa.

Busca un lugar tranquilo en el que sentarte y concentrarte durante un período de diez a veinte minutos. Toma un cuaderno y un bolígrafo.

Para empezar, céntrate. Haz dos respiraciones profundas para prepararte y lleva la atención al cuerpo.

Date permiso para examinar con curiosidad y honestidad tus vías autónomas. No se trata de que te castigues por ser un mal amigo o un mal progenitor cuando te encuentras en un estado de alteración emocional; todos somos una versión menos ideal de nosotros mismos cuando no estamos conectados con la vía ventral. Pero si tomamos conciencia tenemos la oportunidad de cambiar y aplicar alguna técnica para activar el freno.

Recorre cada una de las tres vías, empezando por la dorsal, siguiendo con la simpática y terminando con la ventral. Responde las preguntas que siguen en relación con cada vía.

Piensa en la vía que corresponda, según el orden indicado. Si lo encuentras útil, consulta el perfil autónomo que definiste en el capítulo tres. Conecta con las cualidades de la vía y explora las cuestiones siguientes:

- *¿Cómo escuchas a los demás cuando tienes activada esta vía?*
- *¿Hasta qué punto eres capaz de sentir y transmitir empatía y compasión cuando tienes activada esta vía?*

- *¿Hay ciertos comentarios que se repiten entre las personas cuando hacen referencia a la manera en que te perciben cuando tienes activada esta vía? Por ejemplo, «estás muy a la defensiva», «estás en tu mundo» o «no creo que me estés escuchando».*
- *¿En qué medida te muestras amable con las personas que te importan cuando tienes activada esta vía?*
- *¿Hasta qué punto tienes interés en las relaciones cuando tienes activada esta vía?*
- *Supón que te ves como te ven los demás cuando tienes activada esta vía. ¿Qué palabras usarías para describir tu comportamiento social?*
- *¿Hay algo más que te llame la atención?*

Una vez que hayas explorado las preguntas en relación con las tres vías, pregúntate qué tipo de amigo, pareja y colega quieres ser. Escribe cómo te gustaría que te percibiesen los demás (unas cuantas palabras o frases son suficientes).
¿Qué vía posibilita que seas esta persona?
Termina con cualquier reflexión o intención que quieras establecer después de hacer este ejercicio. Aplica intencionadamente lo que has descubierto y presta más atención a tus estados al relacionarte con los demás y al conectar con quienes te rodean.

Representación gráfica del sistema de apoyo

Construir un sistema de apoyo fuerte es esencial para el bienestar emocional y para lidiar con los altibajos de la vida. Este ejercicio de autoayuda está concebido para ayudarte a identificar las relaciones en las que experimentas seguridad y apoyo. Al representar gráficamente tu sistema de apoyo podrás identificar cuáles son las personas que contribuyen positivamente a tu vida y apoyan tu crecimiento y bienestar. Este ejercicio no es aplicable a las personas solamente; ¡asegúrate de tener en cuenta a tus amigos peludos también! Las mascotas y otros animales son increíblemente terapéuticos para nosotros, y hay ocasiones en las que puede ser que nadie nos apoye tanto como ellos (Ortmeyer y Katzel, 2020).

Este ejercicio requiere una hoja de papel y un bolígrafo. Tardarás unos veinte minutos en realizarlo.

1. En una hoja, dibuja tres círculos concéntricos similares a los que muestra la imagen. Vas a escribir palabras dentro de los círculos, por lo que conviene que los hagas tan grandes como puedas.

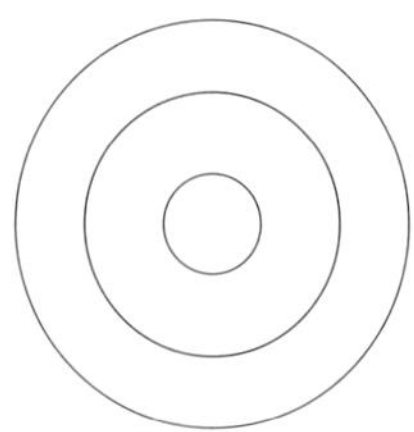

2. Escribe tu nombre en el círculo central.
3. El segundo círculo representa tu círculo de apoyo principal, el grupo más cercano que te proporciona amor, orientación y ánimo. Puede incluir familiares, amigos, a tu pareja o mascotas.
4. En el tercer círculo, escribe los nombres de las personas que tienen un impacto positivo en tu vida, pero que tal vez no estén tan cerca de ti como las que se encuentran en tu círculo de apoyo principal. Puede tratarse de mentores, profesores, colegas, amigos, vecinos o parientes.
5. Ahora, en una hoja aparte, escribe todos los nombres que has anotado en el círculo de apoyo principal. Reflexiona sobre las cuestiones que siguen en relación con cada persona o animal que has incluido en este círculo:

    a. ¿Qué palabras uso para describir a esta persona o este animal?
    b. ¿Por qué he incluido a esta persona o animal en mi círculo de apoyo principal?
    c. ¿Qué aporta a mi vida?

6. Haz lo mismo con el círculo de apoyo externo. Haz una lista con todos los nombres y responde lo siguiente:

    a. ¿Cómo contribuye este individuo a mi bienestar?
    b. ¿Por qué lo he incluido en mi círculo externo?
    c. ¿Qué aporta a mi vida?

7. Ahora, reflexiona sobre el impacto que tiene en tus vías autónomas cada individuo incluido en cualquiera de los dos círculos.

Tómate un momento para conectar con tus emociones mientras reflexionas sobre cada relación. ¿Qué sientes al observar tu sistema de apoyo? ¿Sientes gratitud o aprecio? ¿O sientes que falta algo? ¿Necesitas ampliar tu sistema de apoyo para tener una sensación de mayor seguridad y plenitud?

Si adviertes vacíos en tu sistema de apoyo, no tiene nada de raro. Si te has dado cuenta de que tienes que cuidar más tu sistema, no te sientas mal y ponte manos a la obra. Hacer nuevos amigos es completamente posible. Gracias a la tecnología, tienes todo un mundo en el que buscar amigos. Haz voluntariado, encuentra un grupo en Meetup.com, contacta con alguien con quien no hayas hablado en mucho tiempo o únete a un grupo en línea. Si anhelas más conexión, tienes que fomentarla. Desafortunadamente, ningún grupo de personas llegará a tu puerta diciendo «hemos oído que necesitas amigos, así que aquí estamos».

Este ejercicio podría despertarte un sentimiento de pérdida si estás llorando a alguien. O podrías sentir que tu sistema de apoyo no es gran cosa y que esencialmente no tienes a nadie. Está bien sentir estas emociones; tu sistema autónomo está respondiendo al trabajo que acabas de realizar. Pero las características actuales de tu sistema de apoyo no determinan las que tendrá dentro de un año.

Eres capaz de conformar nuevas relaciones porque eres un ser humano y cuentas con un sistema de conexión social. Todos los otros seres humanos tienen integrado un sistema de conexión social también, por lo que no eres el único «programado» para hacer amigos, sino que todos tenemos esta configuración. Por lo tanto, trata de no mantener el aferramiento a la pérdida o la ausencia, y usa este ejercicio para inspirarte a tener una vida más rica. No temas introducir cambios en ella.

Este ejercicio es una herramienta para el autodescubrimiento y te permite contar con una representación visual del estado actual de tu sistema de apoyo. Revisa y actualiza regularmente el gráfico a medida que vaya habiendo cambios en el ámbito de tus relaciones. Potenciando aquellas con las que experimentes una sensación de seguridad y sostén irás construyendo un sistema de apoyo sólido que contribuirá a tu bienestar.

El cultivo de la compasión: la meditación *metta*

En el capítulo seis aprendiste una práctica centrada en el corazón inspirada en la meditación budista *metta*. *Metta* proviene de la tradición budista y significa 'bondad amorosa' o 'benevolencia'. La meditación *metta* se centra en el cultivo de la compasión hacia uno mismo, hacia los demás e incluso hacia las personas que no nos gustan. Es una manera maravillosa de estimular el nervio vago y conectar con el sistema de conexión social.

Tardarás entre diez y quince minutos en realizar este ejercicio, según la velocidad con que procedas. Te recomiendo encontrar un asiento cómodo en un espacio en el que nadie ni nada vaya a distraerte.

Siéntate en una postura cómoda, con las manos apoyadas sobre las rodillas o en el regazo. También puedes hacer este ejercicio en posición tumbada.
Comienza haciendo algunas respiraciones conscientes para centrarte. Inhala por la nariz y exhala por la boca, mientras sueltas tensión.
Inicia esta práctica enfocándote en ti. Mientras visualizas y conectas contigo, di estas frases mentalmente:

«Que yo sea feliz».
«Que yo goce de salud».
«Que yo esté a salvo».
«Que yo tenga paz».

Di tres veces esta serie de frases.
Ahora, lleva la atención a tus seres queridos: familiares, amigos... Piensa en los que identificaste en el ejercicio anterior, el del gráfico de tu sistema de apoyo. Mientras piensas en ellos, di:

«Que seas feliz».
«Que goces de buena salud».
«Que estés a salvo».
«Que tengas paz».

Di tres veces esta serie de frases.

Ahora, evoca a alguien con quien tengas dificultades; alguien que te suscite frustración o que no te guste. Piensa en esa persona y di:

> *«Que seas feliz».*
> *«Que goces de buena salud».*
> *«Que estés a salvo».*
> *«Que tengas paz».*

Repite tres veces esta serie de frases.

Finalmente, lleva la atención a todos los seres que habitan en este planeta. Imagina todas las criaturas de la Tierra, grandes y pequeñas, y di:

> *«Que seáis felices».*
> *«Que gocéis de buena salud».*
> *«Que estéis a salvo».*
> *«Que tengáis paz».*

Repite tres veces esta serie de frases.

Deja que las palabras se desvanezcan y vuelve a llevar la atención a la respiración y al cuerpo. Tómate un momento para advertir cualquier cambio que haya podido producirse y vuelve a tomar conciencia del entorno, poco a poco.

Un estimulante social

Ahora que sabes que tu sistema nervioso está configurado para la interacción social y la creación de vínculos, puedes usar tu sistema de conexión social como una tabla de salvación cuando estés en un bache. Tu sistema de conexión social no solo envía información a quienes tienes alrededor, sino que también recibe información. Y la información que recibe tu sistema influye en tus vías autónomas.

Piensa en cómo te quita energía el hecho de estar cerca de alguien que siempre se muestra pesimista o que siempre está contando chismes sobre otras personas. Por otro lado, piensa en cómo influye en tu estado de ánimo el buen humor de alguien.

Puedes usar tu sistema de conexión social a modo de estimulante de acción rápida la próxima vez que sientas los efectos de la sobreactivación simpática o del colapso dorsal. Estas son algunas estrategias a las que puedes acudir para obtener una «dosis de ventral» y regular el sistema en alguna medida cuando lo necesites:

- **Sonríe.** A veces, todo lo que necesitamos para obtener un chispazo de bienestar es mostrar nuestra sonrisa. Haz contacto visual con una persona desconocida y envíale una gran sonrisa. Observa qué pasa cuando te devuelve la sonrisa y el gesto.
- **Haz un cumplido.** Para la mayoría de nosotros, recibir un cumplido inesperado puede ser una

sorpresa agradable. Di un cumplido a alguien y observa qué sucede en tu sistema. El cumplido puede ser grande o pequeño, pero tiene que ser sincero. Puedes elogiar las zapatillas del cajero de la tienda, decirle a tu colega cuánto aprecias que siempre traiga chocolate o expresarle a tu hijo cuánto te enorgullece que haya puesto orden en su habitación. El objetivo de decir estos cumplidos no es recibir uno tú, sino que el simple acto de hacer un cumplido sincero a alguien de manera desinteresada es una magnífica manera de activar el sistema de conexión social y obtener un impulso en forma de buenas vibraciones.

- **Da las gracias.** Tómate un momento para mostrarle tu gratitud y agradecimiento a alguien. Es parecido a hacer un cumplido, pero a un nivel mayor. Con honestidad y autenticidad, ofrece un agradecimiento realmente sentido a alguien que podría necesitar reconocimiento. Podrías enviarle un mensaje a tu cuñada para expresarle tu gratitud por vuestra relación, o mandarle un correo a un colega para manifestarle cuánto valoras que esté en el equipo, o decirle a tu pareja cuánto agradeces que esté en tu vida. Cuando damos las gracias sinceramente, nuestra vía ventral se activa; la otra persona puede sentir una profunda gratitud y podemos remontar un estado de ánimo bajo.

- **Actos aleatorios de bondad.** Pequeños gestos de amabilidad inesperados pueden cambiar el día de alguien; pueden constituir una dulce sorpresa que nos recuerde que hay bondad en el mundo. Las investigaciones apoyan la idea de que los actos aleatorios de bondad son beneficiosos para el propio bienestar (Hui *et al.*, 2020). El acto puede ser grande o pequeño. Aquí tienes algunas ideas:

  » Envía flores a alguien.
  » Sorprende a tu mascota con una golosina o un juguete.
  » Haz algo por tu pareja que sepas que apreciará.
  » Llama a un familiar con quien hace tiempo que no hablas.
  » Paga el café de la persona que está detrás de ti en la fila de la cafetería.
  » Ofrece ayuda a alguien que tiene las manos ocupadas.
  » Permite que alguien se adelante en la fila.
  » Deja un comentario positivo a la publicación de alguien en una red social.
  » Escribe una carta de agradecimiento a tu cartero.

Los humanos somos como *routers*; siempre estamos buscando la conexión. La teoría polivagal nos ayuda a entender esto en un nivel profundo y nos da pistas sobre cómo servirnos de nuestra naturaleza social para modificar nuestro estado de ánimo y nuestras emociones. Aprender a usar el sistema de conexión social es una forma inteligente de trabajar con la propia neurobiología. Aunque el sistema de conexión social es moldeado por las experiencias pasadas, la cultura y la neurodivergencia, una realidad común a todos nosotros es que necesitamos conectar con los demás.

Las relaciones pueden ser una espada de doble filo, ya que pueden ser combustible para nuestra felicidad o para nuestro sufrimiento. En cualquier caso, cuando aprendemos a usar el sistema de conexión social para atravesar los altibajos, aprendemos a usar el poder de nuestro sistema nervioso para fomentar nuestro propio bienestar y el de todos quienes tenemos alrededor. La teoría polivagal habla de la influencia significativa que tenemos unos sobre otros. Para ser buenos ciudadanos del planeta Tierra, hemos de cuidar de nosotros mismos para cuidar de los demás, y cuidar de los demás para cuidar de nosotros mismos.

Resumen y aspectos clave

- La teoría polivagal subraya la necesidad humana innata de conectar y corregular con los demás; afirma que los vínculos sociales son un imperativo biológico para la supervivencia y el bienestar.
- El nervio vago juega un papel importante en nuestro sistema de conexión social, ya que nos permite recibir y enviar señales de seguridad.

- La seguridad es la base de las relaciones saludables y significativas; contribuye a que sean duraderas y nos permite crecer como personas a través de la conexión.
- La falta de seguridad en las relaciones puede tener consecuencias significativas. Las relaciones pueden ser lo mejor o lo peor para nosotros según si nos sentimos seguros en ellas o no.
- Debido a nuestra predisposición a crear vínculos, los humanos podemos corregularnos unos a otros. La corregulación es una especie de superpoder que tenemos gracias a nuestro sistema de conexión social, y hay muchas maneras de ofrecerla. Cuando calmamos a un bebé que está llorando o damos un abrazo a un amigo que está de duelo, estamos proporcionando corregulación.
- El sistema nervioso contagia su estado. Los seres humanos estamos interconectados, y el estado de nuestras vías autónomas puede influir en quienes nos rodean.
- Puedes usar tu sistema de conexión social para mejorar tu estado emocional o sobrellevar los momentos difíciles, ya sea cultivando la compasión por los demás o realizando actos aleatorios de bondad, por ejemplo.

Capítulo 9

El regreso a casa

Hemos realizado un viaje extraordinario juntos, mi compañero/a polivagal. Te felicito por tu perseverancia a lo largo de esta exploración transformadora basada en la autoayuda y el desarrollo personal. A estas alturas, espero que hayas incorporado una gran cantidad de conocimientos que te estén permitiendo comprenderte a ti y entender a quienes te rodean con mayor profundidad. Espero también haberte brindado ideas renovadoras que estén dando pie a nuevas revelaciones cada día a medida que conectas cada vez más con tu compleja neurobiología.

La regulación emocional no es un destino final; es un viaje continuo. Aunque algunas etapas pueden ser más apacibles que otras, llevar una vida emocionalmente equilibrada exige un esfuerzo constante e intencionado. Así como una casa requiere un mantenimiento continuo, el sistema nervioso también necesita que se le preste atención con regularidad.

Con los nuevos conocimientos que has adquirido basados en la teoría polivagal, tienes lo que precisas para cuidar de tu neurobiología. La responsabilidad de regular tu sistema nervioso recae únicamente sobre tus hombros. No vendrá nadie a rescatarte, regular tu sistema o hacerse cargo de tus emociones. Es una lástima, lo sé. Pero aunque otras personas puedan influir en el estado de tu sistema nervioso para bien o para mal, en definitiva eres tú, y solo tú, quien puede hacer más por tu bienestar mental, físico y emocional.

Este hecho es tanto una bendición como una carga. Por un lado, resulta liberador saber que tenemos el poder para dominar el arte de la autorregulación; no dependemos de que aparezca un jinete de armadura brillante cabalgando un caballo majestuoso. Por otro lado, aceptar la responsabilidad puede ser abrumador. Si te has pasado la vida atribuyendo tu estado emocional a la crianza que recibiste, poniendo los obstáculos como excusa o identificándote como víctima, este cambio de perspectiva puede ser impactante. Sin embargo, esta dura realidad pone de manifiesto una verdad fundamental: independientemente de las circunstancias externas, la responsabilidad de gestionar tu estado emocional es solo tuya.

Sean cuales sean las adversidades que has vivido en el pasado, tus circunstancias actuales o las incertidumbres en cuanto al futuro, eres y siempre serás resiliente. Tu sistema nervioso es capaz de evolucionar y transformarse incluso a través de las dificultades más desgarradoras. Tiene el poder de aprender, adaptarse y seguir madurando. Por lo tanto, la resiliencia tiene que ver con oportunidades que esperan ser aprovechadas. La manera en que te manejaste en el pasado no determina cómo te manejarás en el futuro. Nadie es inmune al estrés, al miedo o a los diversos tipos de sufrimiento que se experimentan a lo largo de la existencia. Sin embargo, tu mismo ADN contiene la capacidad de mejorar en la vida y lidiar con las tormentas emocionales, por lo que puedes manifestarla sin lugar a dudas. Esta capacidad forma parte de tu configuración. Esta resiliencia innata, fortalecida por los conocimientos derivados de la teoría polivagal, garantiza que puedas aprovechar las extraordinarias capacidades de tu sistema nervioso. Estás en condiciones de emprender un viaje de desarrollo personal en el que tu capacidad natural de adaptación te permitirá dominar las vicisitudes de la vida.

El hecho de reconocer tu resiliencia y que eres capaz de trabajar con tus emociones y respuestas de estrés hace posible que puedas ver tu sistema nervioso, tu cuerpo y tu mente como aliados. Esto no significa que el estrés, las emociones delicadas o el dolor sean experiencias placenteras; si así fuera, no habrías elegido leer este libro. Significa que siempre tienes un santuario interno al cual puedes retirarte, un hogar que es intrínsecamente tuyo. Solo tú tienes la llave de este hogar y puedes refugiarte en él, por más caóticas que puedan ser las circunstancias externas.

Estoy segura de que has oído alguna vez el dicho «el hogar está donde está el corazón». En esencia, esta frase es cierta en relación con nuestra neurobiología y nuestro cuerpo. El hogar está donde está el sistema nervioso. Esta declaración puede ser una revelación liberadora para muchas personas. Tu sistema nervioso seguirá reaccionando según su configuración, es decir, seguirá respondiendo a los estímulos, incluidos los estresantes. Pero ahora cuentas con el conocimiento y las herramientas que te permiten trabajar con él en lugar de que sea él el que te controle. Cuando acoges tu sistema nervioso y aprendes a trabajar con el nervio vago, te haces responsable de tu casa. De alguna manera, regresas al hogar, el hogar que eres para ti. Este último capítulo trata sobre el regreso a este hogar, a tu resiliencia, a tu potencial y al potencial biológico que tienes para seguir mejorando.

Tu crítico autónomo

¿Quién vive en tu hogar interior? Seguro que tienes algunos invitados bienvenidos y otros que no te gusta tanto que estén ahí. Vamos a fijarnos en ciertos visitantes que tal vez fueron bienvenidos en su momento pero que hace ya mucho que son huéspedes molestos: los críticos internos. Todos los tenemos. Si comprendes la importancia que tienen para tu neurofisiología y aprendes a usar la teoría polivagal para trabajar con ellos, podrás llevar un poco más de paz a tu morada interna.

La mayoría de nosotros alojamos un diálogo interno crítico que hace que la vida nos resulte menos llevadera.

Tenemos una voz en la cabeza que nos menosprecia, nos insulta y nos dice que no somos dignos ni merecedores de amor. Todos tenemos críticos internos con los que necesitamos reconciliarnos. Tal vez lo que te acabo de decir no te resulte novedoso, pero quizá lo que sigue te hará reflexionar. ¿Sabías que la crítica interna tiene su origen en las vías autónomas? Esta voz surge de estados de sobrecarga simpática y dorsal. Tus críticos internos están totalmente asociados a tus respuestas de estrés autónomas.

Supongamos que llevas mucho tiempo en un estado de activación simpática o dorsal debido a una dinámica estresante permanente o de resultas de alguna vivencia traumática. En este caso, apuesto a que han aparecido en ti críticos internos que reflejan esos estados emocionales. Y apuesto a que esos críticos son más un obstáculo que una ayuda. Son tus *críticos autónomos*, surgidos de tus vías defensivas. Y sus hirientes palabras te proporcionan información sobre el estado de tus vías autónomas.

En el capítulo siete exploramos los relatos automáticos. Los relatos que cobran vida en respuesta a nuestras vías autónomas también engendran partes muy críticas de nuestra psique. La percepción que tenemos de nosotros mismos, de los demás y del mundo cambia según cuál sea la vía autónoma que tenga más energía. Si tu percepción ha estado teñida por la angustia de manera constante, es prácticamente inevitable que hayan aparecido en ti críticos internos que reflejen todos los sentimientos difíciles con los que has tenido que lidiar. Estos críticos son ruidosos y pueden ser muy convincentes. Pero lo que dicen no se corresponde bien con la realidad, y podrían condicionar tu percepción de los hechos de formas poco útiles si les das demasiado espacio. Tus creencias impregnan tu percepción, tu percepción se convierte en tu realidad y tu realidad moldea tu experiencia.

Tal vez has estado viviendo bajo el influjo muy predominante de la vía simpática. Te invaden constantemente estados de ansiedad y agobio, y sientes que la energía de la lucha o huida está siempre ahí. En este caso, podrías tener un crítico autónomo que te dice que eres demasiado para ser soportable, que no estás bien de la cabeza, que haces un drama de todo, que la gente te juzga o que no tienes arreglo. Este crítico surge de la sobrecarga simpática. Después de todo, ¿parecen estas las palabras de alguien que está arraigado en su vía ventral? De ninguna manera. Los críticos surgidos de la vía simpática llevan mensajes de ansiedad, hipervigilancia, miedo y agobio.

En el otro extremo, si llevas mucho tiempo viviendo en un estado de bloqueo, inmovilización o colapso dorsal, podrías tener un crítico que cree que eres alguien impotente, que no hay esperanza para ti, que no eres una persona valiosa ni digna de amor, que está justificado que te avergüences de ti y que tu destino es la soledad. Los críticos nacidos del apagado dorsal llevan mensajes de impotencia, desesperanza, soledad, apatía y vacío.

¿Puedes reconocer a algunos de estos críticos en ti? Los distintos críticos se manifiestan cuando se activan las vías en las que tienen su origen. Su voz es más fuerte cuanto más desregulados estamos, y creemos más o menos sus palabras en función del grado de conexión que tenemos con la vía ventral. Por lo tanto, cuanto más domines la acción de activar el freno vagal, más tonificado estará tu sistema nervioso. Cuanto mejor percibas tu estado interno, más probable será que puedas silenciar a esos acosadores antes de que te arruinen el día.

Conoce a tus críticos internos

Tengo que advertirte de que este ejercicio puede removerte interiormente. Lo he reservado a propósito para el último capítulo para que contaras con las habilidades que has adquirido en los ocho capítulos anteriores para afrontarlo. Está inspirado en los sistemas de familia interna, un modelo terapéutico que nos ayuda a conocer las distintas «partes» de nuestra psique y nuestra personalidad. Este modelo sostiene que somos criaturas dinámicas con múltiples partes que conforman un todo. Todos tenemos partes heridas, partes críticas e incluso partes protectoras. Podemos usar la teoría polivagal para conocer nuestras partes críticas, que cobran vida en relación con nuestras vías autónomas. Con los conocimientos que has adquirido en este libro y habiendo aprendido a explorarte, ha llegado la hora de que adoptes un enfoque objetivo y honesto en relación con tus críticos internos. Este trabajo podría resultarte fácil, pero a veces requiere un escrutinio exigente. Lo que te han estado diciendo tus críticos puede haber moldeado la relación que tienes contigo y con los demás, y puede haber definido la forma en que estás viviendo. Para sacar el máximo partido de este ejercicio, tómate el tiempo necesario y arroja una mirada honesta a tu interior. Tardarás veinte minutos en hacerlo, o más, según la profundidad con que lo abordes.

Encuentra un lugar confortable en el que nadie ni nada vaya a distraerte, y siéntate procurando tener a mano un cuaderno en el que escribir.

Para empezar, céntrate. Haz unas cuantas respiraciones profundas para despejarte y soltar tensiones, y toma conciencia de tu cuerpo aquí y ahora.

Establece la intención de mantener una actitud honesta con el fin de aprender y mejorar. También deberás sostener una actitud de aceptación amorosa, y desear verdaderamente convertirte en una mejor persona. Vamos a molestar un poco a tus críticos internos, así que pueden alborotarse y empezar a sacudir tu sistema nervioso. Recuerda que este es un ejercicio exploratorio, y que si lo realizas con honestidad podrás controlar mejor a estos acosadores.

En primer lugar, recuerda las cualidades de tu vía dorsal. Reflexiona al respecto; incluso puedes experimentar las sensaciones que induce esta vía. Puedes consultar el perfil autónomo que definiste en el capítulo tres. Esta es la vía en la que mora tu crítico dorsal.

Ahora completa las frases siguientes:

Mi crítico/a dorsal me dice que soy ....

Mi crítico/a dorsal cree que el mundo es ....
Mi crítico/a dorsal cree que las otras personas son ....
Mi crítico/a dorsal parece ....
Mi crítico/a dorsal se llama ....

Antes de abordar el siguiente paso, tómate unos momentos para saludar a tu crítico dorsal. Aunque no te guste, intenta observarlo y reconocer su existencia.
A continuación, recuerda las cualidades de tu vía simpática. Reflexiona al respecto; incluso puedes experimentar algunas de estas cualidades mientras tu crítico simpático comienza a activarse. Puedes recurrir a tu perfil autónomo para una consulta rápida.
Ahora completa las frases:

Mi crítico/a simpático/a me dice que soy ....
Mi crítico/a simpático/a cree que el mundo es ....
Mi crítico/a simpático/a cree que las otras personas son ....
....
Mi crítico/a simpático/a parece ....
Mi crítico/a simpático/a se llama ....

De nuevo, detente unos momentos y reconoce la existencia de tu crítico simpático. Salúdalo o, si lo prefieres, limítate a observarlo.
Tus críticos siempre intentan ayudarte y protegerte, aunque a primera vista no parezcan nada amables ni útiles. Recuerda que estas vías autónomas están vinculadas a la supervivencia.

Están diseñadas para protegerte y defenderte; por lo tanto, tus críticos internos no pueden tener otras finalidades. Pregúntate de qué maneras podrían estar intentando protegerte y defenderte estos críticos.

¿Cómo es tu relación con tus críticos internos? ¿Cómo respondes a ellos, cómo los experimentas y cómo interactúas con ellos actualmente?

¿Potencias estos críticos de alguna manera? ¿Fomentas su poder y su fuerza?

¿Cómo respondes a tus críticos internos? ¿Qué haces actualmente cuando se manifiestan?

Piensa en algo que podrías hacer para interactuar con ellos de otra manera en el futuro.

Ahora, concédete un tiempo para desconectar de este ejercicio. Advierte cuál es la vía que tienes más activada en estos momentos. A partir de esta toma de conciencia, utiliza las habilidades que aprendiste en el capítulo siete para subir o bajar el volumen. Conecta más con la vía ventral para alejarte de los críticos.

Este ejercicio puede dar lugar a comprensiones muy relevantes. Como muchas otras personas, tal vez hayas descubierto que te crees lo que tus críticos te dicen, que estos críticos te están arruinando la vida y que tendrías que hacer grandes cambios si supieras que lo que dicen no es verdad. Este tipo de trabajo interno es muy bueno por una razón: no solo nos permite conocernos mejor a nosotros mismos, sino que también puede hacernos tomar conciencia de maneras en que podemos estar contribuyendo a nuestras propias dificultades.

La mayoría de nosotros tenemos comportamientos que refuerzan a nuestros críticos sin que nos demos cuenta. Por ejemplo, si tienes un crítico que te dice que no se te puede amar y das crédito a este mensaje, es muy posible que te aísles de los demás. Este aislamiento te impedirá experimentar conexiones significativas con otras personas. Esta falta de conexión reforzará tu aislamiento, a partir de lo cual tu crítico podrá argumentar que estaba totalmente en lo cierto. Para restar fuerza a nuestros críticos internos, debemos prestar atención a las formas en que los fortalecemos.

Tomar conciencia de los críticos internos y conectar con ellos es un proceso continuo. Sacarás el mayor provecho de este trabajo si los detectas a menudo y los observas con curiosidad. Siempre están intentando ser útiles, aunque no lo parezca. El crítico que te dice que no das la talla tal vez esté tratando de evitar que experimentes una decepción. El crítico que te dice que no mereces algo podría estar intentando convencerte de que te conformes con poco porque en tu infancia tuviste que evitar llamar la atención para sobrevivir. Observa cuándo aparecen los críticos y qué estás haciendo en esos momentos, e intenta recibirlos con amabilidad. No tienes nada que temer de ellos; solo son fragmentos de tu experiencia neurofisiológica y representaciones de tus vías autónomas.

Tu yo más sabio

Cuando te sientes bien, en equilibrio, en paz, libre de peligros y feliz, ¿te crees lo que tienen que decir esos críticos? ¿O les haces menos caso cuando te encuentras en el estado ventral? ¿Hablan fuerte estos críticos cuando estás disfrutando las vibraciones del estado ventral? ¿Se quedan callados? Tal vez incluso te olvides de que existen. Apuesto a que estos críticos se callan cuando te encuentras en el estado regulado propio de la vía ventral. ¿Sabes qué significa esto? Que los mensajes hirientes y aterradores que te susurran al oído no se corresponden con la realidad.

Tus críticos internos te mienten y tratan de manipularte. Se basan en las emociones, no en los hechos. Si sus acusaciones fuesen ciertas, nunca dudarías de su validez, y sus historias seguirían siendo indiscutiblemente verdaderas cuando te encontrases en el estado ventral. Pero nadie es indigno de amor, inútil, defectuoso en su esencia o demasiado para los demás. Esto es un hecho.

Dentro de ti hay una fuente de sabiduría, conocimiento, esperanza y resiliencia. Es tu yo más sabio, que surge de la vía ventral. Puedes considerar que es tu personalidad esencial. Es un yo compasivo que personifica la sabiduría, la calma, la curiosidad y la intuición. Todos poseemos la capacidad innata de sanar y transformarnos, y tenemos que encontrarnos en la vía ventral para poder manifestarla. Este yo más sabio es distinto de tus críticos internos, que albergan miedos, traumas o patrones de conducta perjudiciales. El yo más sabio actúa como un líder compasivo y seguro de sí mismo dentro de ti, un líder capaz de poner en su lugar a tus críticos internos. Irás fortaleciendo este yo a medida que seas cada vez más capaz de conectarte con la vía ventral. Una mayor presencia del componente ventral implica una mayor sabiduría y una intuición más potente.

La conexión con el yo más sabio permite contrarrestar las voces abrumadoras de los críticos internos. Si creas un vínculo con esta parte sabia abonarás el terreno para convertirte en una persona más resiliente, perspicaz y sabia, bien preparada para hacer frente a las complejidades del crecimiento personal y la autoaceptación.

Conoce a tu yo más sabio

Este ejercicio te conectará con tu yo más sabio y te ayudará a neutralizar a los críticos internos. Puedes recurrir a tu yo más sabio para equilibrar un sistema nervioso ansioso, abrumado o bloqueado. Nuestro yo más sabio nos ofrece una base segura y confiable a la cual regresar cuando nos sentimos confundidos o superados. Cuando conectes con esta parte de ti podrás empezar a silenciar a los críticos internos y a hacer frente a los desafíos de la vida con soltura y confianza.

Tardarás entre diez y veinte minutos en realizar este ejercicio, según el grado de profundidad que quieras alcanzar.

Busca un lugar confortable en el que sentarte, en el que nadie ni nada vaya a distraerte. Toma un cuaderno y acomódate.
Comienza llevando la atención al cuerpo, sintiendo la respiración. Establece la intención de mantener una actitud curiosa y abierta, y decide confiar en el proceso. Lo que sea que suceda formará parte de tu viaje de autodescubrimiento.
Recuerda las cualidades de tu vía ventral. Consultar tu perfil autónomo puede ayudarte a visualizar esta vía. Imagínate sintiéndote feliz, en paz, con equilibrio emocional y libre de peligro. Eres la mejor versión de ti que podrías ser. Estás viviendo la máxima expresión del estado ventral, y te lo mereces. Esta versión óptima de ti tiene sabiduría y una intuición aguda: tu yo más sabio reconoce que la vida está llena de altibajos, de alegría y tristeza, pero confía en el proceso de la vida, sabe quién es y mantiene la esperanza en el futuro.
Con esta parte de ti en mente, completa las frases siguientes:

Esta parte de mí cree que soy ....
Esta parte de mí cree que el mundo es ....
Esta parte de mí cree que las otras personas son ....
Esta parte de mí parece ....
Esta parte de mí se llama ....

¿Hay algo que tu yo más sabio quiera decirte, o algo que quieras preguntarle? Puedes mirar en tu interior para hacer estas preguntas y escuchar la respuesta, o incluso entablar un diálogo con esta parte tuya en tu cuaderno. Por ejemplo, podrías escribir: «¿Cómo debería manejar esta situación con mi madre? No sé qué hacer».

A continuación, mantente a la escucha, para recibir lo que tenga que decir al respecto tu yo más sabio.

¿Qué tiene que decir sobre tus críticos internos esta parte de ti?

¿En qué área de tu cuerpo sientes esta parte de ti?

¿Qué puedes hacer para fortalecer tu conexión con esta parte de ti?

Ahora que has conocido a tu yo más sabio, promete que conectarás con él más a menudo. Recuerda que siempre está contigo, porque eres tú. Es fundamental para tu resiliencia, y está deseando convertirse en tu mejor amigo.

Escribe cualquier pensamiento adicional que quieras reflejar, y cuando sientas que es el momento lleva de nuevo la atención al entorno y al espacio que te rodea.

¡Acabas de interactuar con tu yo más sabio! En caso de que hayas tenido dificultades con este ejercicio o sientas que no has logrado establecer una conexión sólida con esta parte de ti, considera que esta práctica ha sido un buen punto de partida de todos modos. Si has mantenido una gran relación de amistad con tus críticos internos durante años, tal vez deberás esmerarte un poco para establecer una relación con tu yo más sabio. Después de todo, es posible que este haya sido vuestro primer encuentro consciente, y que necesitéis tiempo para conoceros mejor. Con el tiempo y al conectar regularmente con tu yo más sabio, desarrollarás un vínculo más fuerte con esta parte de ti, y así mejorarás tu capacidad para conectar con tu vía ventral.

Estas son algunas maneras en que puedes cultivar una mayor conexión con tu yo más sabio:

- Encuentra un objeto o imagen que represente esta parte de ti y ponlo en un lugar en el que sea inevitable que lo veas a menudo. Este recordatorio visual te invitará a reconectar contigo.
- Haz pausas de sabiduría a lo largo del día. Reserva momentos para centrarte, mirar en tu interior y conectar con tu yo más sabio.
- Comunícate por escrito con tu yo más sabio. Escríbele una carta y deja que te responda.
- Habla con tu yo más sabio. (Hablar con uno mismo es adecuado, así que no te preocupes). Ya sea en voz alta, escribiendo en tu cuaderno o mentalmente, pídele orientación y claridad cuando lo necesites.

El santuario interior

En este capítulo te he orientado para que conozcas a los «compañeros de piso» que viven contigo en tu hogar interior, dentro de tu sistema nervioso. Ahora te ayudaré a construir ese hogar interior o, como me gusta llamarlo, el *santuario interior*.

El ejercicio del santuario interior está concebido para crear un espacio interno confortable, una especie de base segura. Se trata de un lugar que debes preparar según tus preferencias para que constituya un refugio interno al que te guste acudir en busca de alivio y descanso. La creación del santuario interior requiere el apoyo de la vía ventral; a la vez, este santuario es un medio para conectar con dicha vía. Pasar un rato en el santuario interior es una forma de apaciguar las vías defensivas, aquietar la mente y encontrar paz interior. Es una manera de volver a casa, es decir, de regresar a uno mismo.

La creación del santuario interior

Este es un ejercicio de visualización, si bien puedes convertirlo en una práctica artística acudiendo al dibujo, la pintura, el *collage* o alguna otra modalidad de expresión con la que conectes. Según el enfoque que elijas, puede llevarte quince minutos hacer este ejercicio o más tiempo.

Busca un lugar tranquilo en el que sentarte, en el que nadie ni nada vaya a distraerte. El espacio debe facilitar que puedas dirigir la atención a tu interior.

Tómate un momento para centrarte. Lleva la atención a la respiración, siente el cuerpo y permítete asentarte.

Ahora, recuerda todas las cualidades de tu vía ventral; consulta tu perfil autónomo si lo necesitas. Esta es la vía del bienestar, el equilibrio, la paz y la felicidad, la zona en la que todo está bien.

Piensa que tu vía ventral es tu santuario interior. Fue creado exclusivamente para ti y solo tú puedes acceder a él. Te proporciona descanso y reparación, como los santuarios físicos.

¿Qué imagen representa mejor tu santuario interior? Manifiesta tu creatividad y concibe una imagen con la que conectes. Puedes visualizarla o plasmarla de forma artística.

Ahora, procede con mayor detalle:

- *¿Qué colores están presentes en tu santuario?*
- *¿Qué objetos, mascotas u otros amimales, plantas, muebles o imágenes hay en él? Incluye todos los elementos que quieras ver ahí.*
- *Añade cualquier elemento que puedas usar para experimentar un mayor confort.*
- *¿Qué olores hay en tu santuario?*
- *¿Qué sonidos llegan a tus oídos?*
- *¿Qué temperatura notas en este lugar?*

Deja volar la imaginación al visualizar este santuario. Añade de todo lo que se te ocurra para convertirlo en un lugar muy acogedor, con el grado de detalle que quieras. Este espacio es para ti solamente; por lo tanto, componlo totalmente a tu gusto.

Una vez que hayas creado tu santuario, programa una alarma para que suene transcurridos cinco minutos y disfruta tu estancia en este lugar durante este tiempo. ¡Te lo mereces!

Antes de abandonar el santuario, recuérdate que puedes regresar a él en cualquier momento. Siempre está disponible para ti.

Puedes regresar a este espacio la próxima vez que sientas que tu sistema nervioso está abrumado o alterado. Con este fin, solo tienes que dirigir la atención a tu interior y evocarlo. Durante el día, acude a este lugar para equilibrarte y encontrar algo de solaz. Cuanto más recurras a él, más fácil te resultará visualizarlo e instalarte.

La impermanencia

Una lección importante en el camino de la autorregulación y la transformación es la de la impermanencia. La verdad fundamental es que todo es pasajero, desde el tiempo atmosférico hasta nuestras emociones. Todo puede cambiar en un abrir y cerrar de ojos. Aceptar la verdad de la impermanencia puede ser un recordatorio aleccionador en los tiempos difíciles; puede proporcionar esperanza: todo cambia, y los momentos duros no son la excepción. Lo único que es constante en la vida es el cambio, y nuestros estados autónomos y nuestras emociones intensas están tan sujetos a él como lo está cualquier otro aspecto de nuestra existencia. La lección es que ninguna emoción es fija o permanente. Aunque a veces pueda parecer que la ansiedad o la depresión no terminarán nunca, te garantizo que sí lo harán.

El budismo y la filosofía del yoga insisten en que generamos una enorme cantidad de sufrimiento en nosotros mismos cuando ignoramos la naturaleza de la impermanencia. Nos provocamos un dolor innecesario al exagerar los problemas, dejarnos llevar por el ego o aferrarnos excesivamente al presente. Este apego puede manifestarse como una fijación en las emociones negativas, al creer, erróneamente, que estarán ahí siempre, o como la actitud de dar por sentados los momentos de alegría y felicidad, como si no fuesen a terminar nunca. Cuando creemos que nuestro estado autónomo actual (ya sea el ventral, el simpático o el dorsal) prevalecerá para siempre, perdemos el contacto con la realidad. Nada dura eternamente, ni siquiera el estado actual de nuestra neurobiología.

La verdad es que las emociones, los pensamientos y las sensaciones son transitorios. Vienen y se van, se incrementan y se mitigan. Reconocer la impermanencia de todas las experiencias nos ayuda a pasar por los altibajos emocionales con mayor ligereza. En los momentos de sufrimiento, recordarnos que eso «también pasará» puede ser una estrategia de afrontamiento potente y clarificadora. Y cuando vivimos momentos de paz y alegría, es asimismo importante que reconozcamos que también pasarán. Esta actitud nos ayuda a mantener la humildad y a recordar que nuestro sistema nervioso siempre está cambiando, evolucionando, adaptándose y respondiendo.

Reflexionar sobre la ley de la impermanencia nos recuerda que nuestros sentimientos, estados autónomos y sensaciones corporales son transitorios. El aferramiento a cualquier emoción, ya sea dolorosa o placentera, solo intensifica los momentos difíciles. Tanto si nos definimos a nosotros mismos a partir de unos estados emocionales fugaces como si perseguimos una sensación agradable que ya pasó, el apego incrementa el sufrimiento. En cambio, si aceptamos los vaivenes de la vida podemos vivir cada tristeza y cada alegría con más presencia y estabilidad. El objetivo de sanar y alcanzar un mayor equilibrio emocional no es no volver a experimentar sentimientos difíciles nunca más, sino poder estar presentes y sentirlo todo, lo bueno y lo malo. Con este fin necesitamos tener un nervio vago flexible y un sistema nervioso resiliente.

Surfear las olas

Cuando pienso en la impermanencia de las emociones, las sensaciones y las vías autónomas, no puedo evitar que acudan a mi mente las olas del mar. A veces, las vías autónomas parecen un tsunami; son aterradoras y abrumadoras, y tememos que se nos lleven por delante. Otras veces podemos sentir cómo la corriente apacible de la vía ventral nos arrulla en una calma acogedora y reparadora.

Tu sistema nervioso autónomo se activa y apacigua de manera similar a como lo hacen las olas del mar. A veces, las aguas están agitadas; otras, están quietas. Pero sea cual sea la ola que estés surfeando en este momento, no siempre estará ahí.

En lo que respecta a cabalgar las olas del sistema nervioso, te puede ser útil idear una afirmación a la que recurrir en momentos difíciles. Centrarte en esta afirmación cuando el mar se ponga bravo te ayudará a lidiar con esos momentos y a recordar que eso también pasará. El siguiente ejercicio solo requerirá entre cinco y diez minutos de tu tiempo.

Busca un lugar tranquilo en el que sentarte a pensar un rato, en compañía de tu cuaderno.

Reflexiona sobre la idea de la impermanencia, es decir, sobre el hecho de que todo está cambiando constantemente y de que nada es permanente. Desde luego, tu estado emocional tampoco lo es. Por más placentera o desagradable que sea una experiencia, o por más positiva o negativa que sea, cambiará. La vida nunca deja de avanzar.

Ahora, identifica dos o tres afirmaciones que te ayuden a recordar esta verdad cuando necesites un ancla. Encuentra dos o tres frases a las que puedas recurrir en momentos de saturación simpática o bloqueo dorsal para mantener una mínima estabilidad. Estas son algunas de las frases que uso yo; puedes adoptarlas o inspirarte en ellas si quieres:

- *Esto también pasará.*
- *Esto es solo un momento en el tiempo.*
- *Surfea la ola.*

Una vez que hayas identificado algunas afirmaciones, escríbelas en un lugar en el que te resulte fácil consultarlas cuando las cosas se pongan difíciles. Puedes anotarlas en un papel que adhieras a un espejo, la nevera o el salpicadero del coche, o puedes guardarlas en el interior de un cajón que abras a diario. Es fácil olvidar la impermanencia de todo cuando estamos atrapados en el momento; por eso te irá bien tener estas frases en lugares donde puedan acudir a tu rescate cuando más lo necesites.

Ha llegado el momento de florecer

Con todo el conocimiento que has adquirido, es hora de que florezcas. En el sentido en que uso esta palabra, *florecer* es el resultado de aprender a cuidar de la propia neurobiología con dedicación e intención. Florecer es un proceso activo, no pasivo. Cuando cuidamos de nuestro sistema nervioso y mantenemos el nervio vago en un estado excelente, se nos abre un abanico de recursos y oportunidades para crecer y transformarnos en nuestra mejor versión. Esta transformación tiene lugar desde dentro hacia fuera. El florecimiento depende de un trabajo interno.

Cuando florecemos, llevamos una vida óptima. Somos nuestra mejor versión, independientemente de las situaciones traumáticas o trágicas que puedan presentarse. El florecimiento es una prueba de nuestro grado de resiliencia y de la medida en que hemos aprendido a cuidar del sistema nervioso.

Florecer requiere adoptar hábitos y aplicar técnicas que, en conjunto, nos proporcionen el combustible y los recursos necesarios para convertirnos en la mejor versión de nosotros mismos. Si te ocupas de adquirir hábitos que beneficien a tu nervio vago y tu neurobiología, puedes transformar tu vida, alcanzar tus metas y convertirte en la persona que anhelas ser.

Cuando estamos atrapados en las vías autónomas de la sobrecarga o la desconexión, y carecemos de habilidades para regular nuestra neurobiología, estamos viviendo en modo supervivencia. La vida parece caótica en este modo porque operamos desde estados simpáticos o dorsales protectores, y apenas podemos conectar con la vía restauradora, la ventral. Ahora que ya sabes qué es tu nervio vago, cómo funciona y cómo trabajar con él, puedes vivir teniéndolo siempre muy en cuenta. Es pequeño pero poderoso. Al vivir tu vida pensando siempre en tu sistema nervioso, de manera natural empezarás a adoptar hábitos y estrategias que lo favorezcan. Es así como irás más allá de la supervivencia y florecerás.

Un encuentro con tu yo futuro

Este es el último ejercicio del libro, y el que me gusta más. Vas a conocer a tu yo futuro. El propósito de este ejercicio es que dirijas la mirada a tu meta. Has leído este libro porque estás buscando maneras de mejorar. Vas tras algo. Este algo es una versión de ti.

A menudo mantenemos la mirada fija en los problemas. Nuestra mente se engancha a lo que no va bien, a las maneras en que nos estamos fallando a nosotros mismos y a los problemas de hoy y de mañana. Este es el sesgo de negatividad que hemos visto en capítulos anteriores. Si nos centramos obsesivamente en los problemas, le proporcionamos a la neurocepción señales de peligro constantemente, y mantenemos el sistema nervioso atrapado en el modo supervivencia. Adonde va la mente va la energía. O, dicho de una manera más afín al enfoque polivagal, adondequiera que va la atención la siguen las vías autónomas.

Soñar con el futuro que deseo crear y focalizar la mente en los pasos que debo dar para alcanzar esa meta ha tenido un impacto profundo en mí. ¿Y si en lugar de centrarte en todo lo que está mal dedicaras toda esa energía a imaginar el mejor futuro posible para ti?

Piénsalo bien. Apuesto a que ese futuro que deseas está lleno de cosas buenas. Dudo mucho que digas «en el futuro, espero estar lidiando con ataques de pánico, con preocupaciones abrumadoras y con relaciones problemáticas, en un estado de desesperación total». No; hablarías de tus sueños, tus esperanzas, tu visión. Estoy segura de que si te dieras permiso para imaginar ese futuro en serio, sería irresistible.

Cuando nos permitimos soñar con nuestro mejor futuro posible, se encienden el asombro, la maravilla y el deseo, en parte gracias a la vía ventral. Soñar con el propio futuro no es realizar una meditación fantasiosa; es una manera de activar las vías autónomas para que nos ayuden a alcanzar esas metas. Las sensaciones derivadas de esta actividad valen la pena, y son mucho más agradables que las que derivan de estar lidiando siempre con problemas.

> *Acomódate en un espacio en el que nadie ni nada vaya a distraerte. Ten a mano algo para escribir.*
>
> *Haz unas cuantas respiraciones para centrarte. Respira más despacio y suelta cualquier tensión que puedas estar alojando en el cuerpo.*
>
> *Imagina que te encuentras en algún momento del futuro. Has tomado la información contenida en este libro y la has*

aplicado a tu vida, y estás floreciendo. Has desarrollado habilidades para activar tu freno vagal, puedes regular tu volumen interno como un profesional y eres plenamente consciente de tu perfil autónomo. Tu sistema nervioso está tan tonificado como un abdomen marcado y estás muy en forma desde el punto de vista neurofisiológico. Estás viviendo tu mejor vida posible, con una gran confianza y mucha alegría y felicidad. Siguen presentándose situaciones difíciles, porque así es la vida, pero en el futuro sabes lidiar con ellas con maestría.

¿Qué está haciendo tu yo futuro para hacer posible este sueño? ¿Qué habilidades utiliza y practica con regularidad? ¿Cómo cuida de su sistema nervioso? Escribe tus respuestas con el mayor grado de detalle posible. Aquí tienes un ejemplo: «Practica técnicas de respiración todos los días, establece límites con las personas que no son una buena influencia y está pendiente de su perfil autónomo en todo momento». Sea lo que sea que esté haciendo, escríbelo.

¿Qué comportamientos que tienes actualmente ha abandonado este yo futuro? ¿Qué tuvo que dejar de hacer para lograr los resultados que ha obtenido?

¿Qué sensaciones y emociones notas en el cuerpo al imaginar a ese futuro tú? Detéctalas, ponles nombre y anótalas.

¿Hay algo que quieras preguntarle a tu yo futuro? ¿Hay algo que este yo quiera decirte?

Piensa en tres cosas que puedes empezar a hacer ahora mismo para comenzar a acercarte a esta versión futura de ti.

Anota cualquier reflexión final y vuelve a llevar la atención al entorno que te rodea.

Cuando te centras en las posibilidades en lugar de hacerlo en los problemas, motivas a tu sistema nervioso a ayudarte a hacerlas realidad. Recuerda que eres resiliente y adaptable, y que tienes la neuroplasticidad de tu lado. Cuanto más atractiva y deseable sea la versión futura de ti, mayor será tu motivación para ir tras ella.

Una vez a la semana o, mejor, una vez al día retoma la visión de tu yo futuro que has empezado a manifestar en este ejercicio. Es una forma de mantener tu objetivo a la vista y de hacer que tu sistema nervioso permanezca motivado. Haz un tablero de visión, manifiesta tu creatividad artística, recorta imágenes de revistas o haz lo que sea necesario para tener siempre presente tu meta. En mi caso particular, esta estrategia ha supuesto una gran diferencia, y la utilizo a diario. Cada vez que conecto con mi yo futuro, siento una cálida oleada de energía ventral y una sensación de entusiasmo y asombro al visualizar todo lo que es posible.

Tu yo futuro te está esperando. ¡No lo dejes plantado!

Cómo domar a tu dragón

Ahora que estamos llegando al final de este viaje, espero que te encuentres en una posición mejor que cuando lo iniciaste. Si hay algo que deseo que te lleves de esta lectura es la conciencia de que puedes trabar amistad con tu sistema nervioso y mejorar tu vida a través de esta relación. Vivir es difícil. La vida está llena de dolor, pérdidas, enfermedades y aflicciones. Sin duda pasarás por momentos de angustia y dificultad, y tu sistema nervioso responderá a ello como debe. Ahora bien, la vía ventral también forma parte de nuestro sistema nervioso, y nos permite experimentar paz, alegría, amor, conexión y seguridad. Nuestro sistema nervioso fue diseñado para experimentar tanto las alegrías como las penas de la vida. Estamos configurados de esta manera.

Eres un ser resiliente con un sistema nervioso que quiere lo mejor para ti. Su función es protegerte y defenderte a toda costa. Pero tú tienes que tomar las riendas y trabajar con él si quieres vivir esa vida que acabas de imaginar. Esta vida no llegará a ti azarosamente, tampoco si tienes comportamientos que perjudican a tu sistema nervioso. Esta vida es posible si eliges mejorar, adaptarte y transformarte. Esta transformación tendrá lugar dentro de tu sistema nervioso.

Cuando pienso en la relación que debemos forjar entre nuestra mente intelectual y nuestro sistema nervioso automático o autónomo, pienso en un jinete de dragón. Hablando metafóricamente, todos somos jinetes de dragón. Pero la mayoría de nosotros no lo sabemos. Nuestro dragón es el sistema nervioso autónomo, que puede ser feroz, indomable y muy aterrador si no se lo entrena. También puede comportarse de manera salvaje, peligrosa y reactiva. Pero la mayoría de nosotros no dedicamos tiempo ni atención a entrenarlo. En consecuencia, nuestro dragón metafórico (es decir, el sistema nervioso autónomo) puede llevarnos a lomos en un viaje vertiginoso en el que estamos aterrados y sentimos que no tenemos ningún control. Este dragón nos arruinará la vida si no lo entrenamos.

Aprender la teoría polivagal es como recibir un manual de instrucciones para entrenar al dragón, es decir, para domar el sistema nervioso automático, autónomo. Aprender a trabajar con el nervio vago y las vías autónomas es como tomar las riendas del sistema nervioso y, con ello, las riendas de la propia vida. Aunque nunca podrás controlar del todo tu sistema nervioso, los principios de la teoría polivagal te enseñan qué necesita tu sistema para que puedas trabajar con él. Con paciencia y práctica, y proporcionándole los cuidados oportunos, puedes hacerte amigo de tu dragón –o sea, de tu sistema nervioso– y llegar a confiar en él. Juntos manifestaréis una fuerza resiliente impresionante, digna de respeto.

Así que sé humilde. Sé valiente. Toma esas riendas y cabalga hacia el atardecer como el jinete de dragón que puedes ser. Cabalga, jinete de dragón. Cabalga.

Resumen y aspectos clave

- En este capítulo hemos celebrado tu recorrido por la comprensión de la teoría polivagal y su impacto en tu desarrollo personal y tu autocuidado. Se te ha enseñado a regresar al hogar que eres tú.
- Recuerda que solo tú puedes elegir mejorar tu estado emocional. Tú estás al mando de tu sistema nervioso.

- Tus críticos internos forman parte de tu mundo interior y dependen de las vías autónomas. Puedes usar el modelo de los sistemas de familia interna y la teoría polivagal para cambiar tu relación con estas partes de ti.
- Tu yo más sabio es un recurso valioso del que puedes servirte para fortalecer la conexión con la vía ventral.
- Crear un santuario interior es una forma de usar la visualización para conectar con la vía ventral.
- Integrar la teoría polivagal en tu vida te servirá para florecer a partir del estado de supervivencia.

Agradecimientos

Nadie escribe un libro sin contar con algún tipo de apoyo. Estoy inmensamente agradecida a las muchas personas que me han enseñado, orientado e influido a lo largo del camino.

Stephen W. Porges, quiero expresarle mi agradecimiento más sincero por los años que ha dedicado a una investigación innovadora y por su liderazgo intelectual. Su trabajo en el campo de la teoría polivagal ha revolucionado el discurso clínico y ha tenido un gran impacto en mi vida personal y profesional. La profundidad de sus ideas ha sido fundamental en mi comprensión y mi práctica.

Deb Dana, tus enseñanzas han tenido un valor incalculable para mí. Tus libros me han influido y siento tu guía en cada sesión clínica. Estoy profundamente agradecida por tu mentoría y por haber hecho de la teoría polivagal algo accesible y práctico.

Un agradecimiento enorme a Arielle Schwartz. Tu espíritu, tu coherencia vital y tu trabajo son verdaderamente inspiradores. Eres un modelo para toda persona que trabaje en el ámbito clínico.

Mi amado marido: tu apoyo incondicional y tu aliento constante han sido mi ancla. Tu fe en mí no solo me da fuerza, sino que lo es todo para mí.

La formación que he recibido como profesora de yoga me ha impactado mucho tanto en el ámbito personal como en el terreno profesional. He sido formada en la modalidad *bhakti vinyasa*, y les estoy agradecida a mis profesores: Katrina Gustafson, Lisa Theis y Michael Shankara.

Finalmente, tomando prestadas unas palabras de Snoop Dogg, «quiero darme las gracias a mí misma. Quiero darme las gracias por creer en mí. Quiero darme las gracias por hacer este trabajo tan duro». Así que gracias, Rebecca, no solo por escribir un libro para ayudar a otras personas, sino también por sanar tus heridas, por mostrarte valiente ante las dificultades y por todo el crecimiento que has obtenido tras un trabajo muy, muy arduo. ¡Bien por ti, chica!

Creo que todas las personas deberían esforzarse por sentirse orgullosas de sí mismas en lugar de buscar la validación externa. Porque tiene un impacto mucho mayor sentirse orgulloso de uno mismo que depender de la aprobación y la aceptación de los demás. Por lo tanto, tómate un momento para darte una palmadita en la espalda. Prueba a decir: «Quiero darme las gracias por todo lo que soy y todo lo que hago». La vida es dura, pero aquí estás, perseverando y abriéndote paso.

Referencias

Balban, M. Y., Neri, E., Kogon, M., Weed, L., Nouriani, B., Jo, B., Holl, G., Zeitzer, J. M., Spiegel, D. y Huberman, A. D. (2023). Brief structured respiration practices enhance mood and reduce physiological arousal. *Cell Reports Medicine*, *4*(1).

Bandi Krishna, H., Pravati, P., Pal, G. K., Balachander, J., Jayasettiaseelon, E., Sreekanth, Y., Sridhar, M. G. y Gaur, G. S. (2014). Effect of yoga therapy on heart rate, blood pressure and cardiac autonomic function in heart failure. *Journal of Clinical and Diagnostic Research*, *8*(1), 14-16.

Cabrera, A., Kolacz, J., Pailhez, G., Bulbena, A. y Porges, S. W. (2018). Assessing body awareness and autonomic reactivity: Factor structure and psychometric properties of the Body Perception Questionnaire-Short Form (BPQ-SF). *International Journal of Methods in Psychiatric Research, 27*(2), e1596.

Carretero-Krug, A., Úbeda, N., Velasco, C., Medina-Font, J., Laguna, T. T., Varela-Moreiras, G. y Montero, A. (2021). Hydration status, body composition, and anxiety status in aeronautical military personnel from Spain: A cross-sectional study. *Military Medical Research*, *8*(1).

Dana, D. (2018). *The polyvagal theory in therapy: Engaging the rhythm of regulation.* Nueva York, EUA: W. W. Norton.

_____ *Anchored: How to befriend your nervous system using polyvagal theory.* Boulder (Colorado), EUA: Sounds True.

Denson, T. F., Grisham, J. R. y Moulds, M. L. (2011). Cognitive reappraisal increases heart rate variability in response to an anger provocation. *Motivation and Emotion*, *35*, 14-22.

Ferreira-Vorkapic, C., Borba-Pinheiro, C. J., Marchioro, M. y Santana, D. (2018). The impact of yoga nidra and seated meditation on the mental health of college professors. *International Journal of Yoga*, *11*(3), 215.

Ganio, M. S., Armstrong, L. E., Casa, D. J., McDermott, B. P., Lee, E. C., Yamamoto, L. M., Marzano, S. *et al.* (2011). Mild dehydration impairs cognitive performance and mood of men. *British Journal of Nutrition*, *106*(10), 1535-1543.

Gladwell, V. F., Brown, D. K., Barton, J. L., Tarvainen, M. P., Kuoppa, P., Pretty, J. y Sandercock, G. R. H. (2012). The effects of views of nature on autonomic control. *European Journal of Applied Physiology*, *112*, 3379-3386.

Goldstein, M. R., Lewis, G. F., Newman, R. I., Brown, J., Bobashev, G., Kilpatrick, L. A., Seppälä, E., Fishbein, D. y Meleth, S. (2016). Improvements in well-being and vagal tone following a yogic breathing-based life skills workshop in young adults: Two open-trial pilot studies. *International Journal of Yoga, 9*(1), 20.

Hjorth, P., Løkke, A., Jørgensen, N., Jørgensen, A., Rasmussen, M. y Sikjaer, M. (2022). Cold water swimming as an add-on treatment for depression. A feasibility study. *European Psychiatry*, *65*(S1), S559-S560.

Hui, B. P. H., Ng, J. C. K., Berzagh, E., Cunningham-Amos, L. A. y Kogan, A. (2020). Rewards of kindness? A meta-analysis of the link between prosociality and well-being. *Psychological Bulletin*, *146*(12), 1084-1116.

Innocenti, G. M. (2022). Defining neuroplasticity. *Handbook of Clinical Neurology*, *184*, 3-18.

Kase, R. (2023). *Polyvagal informed EMDR: A neuro-informed approach to healing.* Nueva York, EUA: W. W. Norton.

Kelly, J. S. y Bird, E. (2022). Improved mood following a single immersion in cold water. *Lifestyle Medicine, 3*(1), e53.

Kempton, M. J., Ettinger, U., Foster, R., Williams, S. C., Calvert, G. A., Hampshire, A., Zelaya, F. O. *et al.* (2011). Dehydration affects brain structure and function in healthy adolescents. *Human Brain Mapping*, *32*(1), 71-79.

Laborde, S., Allen, M. S., Gohring, N. y Dosseville, F. (2016). The effect of slow-paced breathing on stress management in adolescents with intellectual disability. *Journal of Intellectual Disability Research*, *61*(6), 560-567.

Laborde, S., Mosley, E. y Mertgen, A. (2018). A unifying conceptual framework of factors associated to cardiac vagal control. *Heliyon*, *4*(12), e01002.

Laborde, S., Allen, M., Borges, U., Dosseville, F., Hosang, T., Iskra, M., Mosley, E. *et al.* (2022). Effects of voluntary slow breathing on heart rate and heart rate variability: A systematic review and a meta-analysis. *Neuroscience and Biobehavioral Reviews*, *138*, 104711.

Lee, J., Tsunetsugu, Y., Takayama, N., Park, B., Li, Q., Song, C., Komatsu, M. *et al.* (2014). Influence of forest therapy on cardiovascular relaxation in young adults. *Evidence-Based Complementary and Alternative Medicine*, *2014*, 1-7.

Linares Gutiérrez, D., Kübel, S., Giersch, A., Schmidt, S., Meissner, K. y Wittmann, M. (2019). Meditation-induced states, vagal tone, and breathing activity are related to changes in auditory temporal integration. *Behavioral Sciences*, *9*(5), 51.

Magnon, V., Dutheil, F. y Vallet, G. T. (2021). Benefits from one session of deep and slow breathing on vagal tone and anxiety in young and older adults. *Scientific Reports*, *11*(1), 1-10.

Markil, N., Whitehurst, M., Jacobs, P. L., y Zoeller, R. F. (2012). Yoga nidra relaxation increases heart rate variability and is unaffected by a prior bout of hatha yoga. *The Journal of Alternative and Complementary Medicine*, *18*(10), 953-958.

Mather, M. y Thayer, J. F. (2018). How heart rate variability affects emotion regulation brain networks. *Current Opinion in Behavioral Sciences*, *19*, 98-104.

Muscatelli, F., Matarazzo, V. y Chini, B. (2022). Neonatal oxytocin gives the tempo of social and feeding behaviors. *Frontiers in Molecular Neuroscience*, *15*, 1071719.

Ohlmann, K. K. y O'Sullivan, M. (2009). The costs of short sleep. *AAOHN Journal*, *57*(9), 381-385.

Olshansky, B., Ricci, F. y Fedorowski, A. (2023). Importance of resting heart rate. *Trends in Cardiovascular Medicine*, *33*(8), 502-515.

Ortmeyer, H. K. y Katzel, L. I. (2020). Effects of proximity between companion dogs and their caregivers on heart rate variability measures in older adults: A pilot study. *International Journal of Environmental Research and Public Health*, *17*(8), 2674.

Park, G. y Thayer, J. F. (2014). From the heart to the mind: Cardiac vagal tone modulates top-down and bottom-up visual perception and attention to emotional stimuli. *Frontiers in Psychology*, 5, 278.

Pinna, T. y Edwards, D. J. (2020). A systematic review of associations between interoception, vagal tone, and emotional regulation: Potential applications for mental health, wellbeing, psychological flexibility, and chronic conditions. *Frontiers in Psychology, 11*, 1792.

Poli, A., Gemignani, A., Soldani, F., y Miccoli, M. (2021). A systematic review of a polyvagal perspective on embodied contemplative practices as promoters of cardiorespiratory coupling and traumatic stress recovery for PTSD and OCD: Research methodologies and state of the art. *International Journal of Environmental Research and Public Health, 18*(22), 11778.

Porges, S. W. (2011). *The polyvagal theory: Neurophysiological foundations of emotions attachment communication.* Nueva York, EUA: W. W. Norton.

_____(2017). *The pocket guide to the polyvagal theory: The transformative power of feeling safe.* Nueva York, EUA: W. W. Norton.

_____(2021). *Polyvagal safety: Attachment, communication, and self-regulation.* Nueva York, EUA: W. W. Norton.

Rajagopalan, A., Krishna, A. y Mukkadan, J. K. (2022). Effect of om chanting and yoga nidra on depression anxiety stress, sleep quality and autonomic functions of hypertensive subjects–A randomized controlled trial. *Journal of Basic and Clinical Physiology and Pharmacology*, *34*(1), 69-75.

Rosenberg, S. (2017). *Accessing the healing power of the vagus nerve: Self-help exercises for anxiety, depression, trauma, and autism.* Berkeley (California), EUA: North Atlantic Books.

Shevchuk, N. A. (2008). Adapted cold shower as a potential treatment for depression. *Medical Hypotheses, 70*(5), 995-1001.

Spangler, D. P. y McGinley, J. J. (2020). Vagal flexibility mediates the association between resting vagal activity and cognitive performance stability across varying socioemotional demands. *Frontiers in Psychology*, *11*, 2093.

Stanley, J., Peake, J. M. y Buchheit, M. (2013). Cardiac parasympathetic reactivation following exercise: Implications for training prescription. *Sports Medicine*, *43*(12), 1259-1277.

Vaish, A., Grossmann, T. y Woodward, A. (2008). Not all emotions are created equal: The negativity bias in social-emotional development. *Psychological Bulletin*, *134*(3), 383-403.

Wells, N. M. y Evans, G. W. (2003). Nearby nature: A buffer of life stress among rural children. *Environment and Behavior*, *35*(3), 311-330.

Sobre la autora y la autora del prólogo

Rebecca Kase, trabajadora social clínica, es psicoterapeuta y experta en el tratamiento del trauma. Es consultora y formadora en desensibilización y reprocesamiento por movimientos oculares (EMDR, por sus siglas en inglés) y es la propietaria del Trauma Therapist Institute, una empresa dedicada a la consultoría en relación con el trauma y a la formación de especialistas en ese ámbito. Es experta en la teoría polivagal, autora, instructora de yoga certificada y *coach* en procesos de transformación. Vive en las afueras de Tacoma (Washington).

Arielle Schwartz, la autora del prólogo, es psicóloga clínica –con un doctorado en este campo–, profesional certificada en trauma complejo, consultora en desensibilización y reprocesamiento por movimientos oculares (EMDR) y profesora de yoga *kripalu*. Es miembro del cuerpo docente del Polyvagal Institute y autora de varios libros, entre ellos *Teoría polivagal aplicada al trauma* (Editorial Sirio).